실학의 꽃

정약용

실학의 꽃 정약용

ⓒ 우승미, 2007

초판 1쇄 발행일 | 2007년 3월 28일
초판 2쇄 발행일 | 2007년 10월 5일

지은이 | 우승미
펴낸이 | 김현주
펴낸곳 | 이룸

출판등록 | 1997년 10월 30일 제10-1502호
주소 | 121-840 서울시 마포구 서교동 395-172 상록빌딩 2층
전화 | 편집부 (02)324-2347, 영업부 (02)2648-7224
팩스 | 편집부 (02)324-2348, 영업부 (02)2654-7696
e-mail | erum9@hanmail.net
Home page | http://www.erumbooks.com

ISBN 978-89-5707-336-0 (44990)
        978-89-5707-093-2 (set)

값 8,500원

실학의 꽃

정약용

우승미 지음

이룸

| 차 례 |

어머니를 잃은 슬픔을 공부하며 이겨 내다

스스로 쓴 묘지명

1822년 6월 16일은 정약용이 회갑을 맞은 날이었다. 한 갑자(甲子)의 세월이 흘렀다. 오랜 유배 생활을 마치고 고향에 돌아와 보니 어느새 늙은이가 되어 있었다. 차분한 마음으로 회갑 생일을 보낸 정약용은 흐트러진 옷매무새를 단정히 하고 책상 앞에 앉았다. 가까운 친지와 벗들을 불러 조촐히 회갑을 치렀으나 저녁이 되자 피로가 몰려왔다. 오랜 유배 생활로 건강이 좋지 않은 탓이었다. 그는 허리를 꼿꼿이 세워 자세를 바로잡았다. 허리를 펴고 바로 앉는 것은 그의 오랜 습관이었다. 몸이 아프면 정신도 흐트

러지게 마련이어서 자세를 바로잡아 정신을 가다듬었다. 그는 천천히 먹을 갈았다. 방안 가득 먹 향이 은은했다.

짙어지는 먹물 위로 그리운 사람들의 얼굴이 어렸다. 어릴 때 사별해 이제는 기억마저 희미한 어머니와 목민관의 자세를 몸소 보여 주신 아버지, 함께 이익의 실학사상을 공부하고 시의 정취를 나누던 벗들과 천주교에 연루되어 죽음을 맞은 약종·약전 두 형님, 스승으로서 엄하게 단련시키고 아버지처럼 어질게 보듬어 주셨던 선왕 정조의 얼굴. 예순의 세월을 살아오면서 만나고 헤어진 사람들을 떠올리자니 가슴이 아련했다. 태어나 죽음을 맞이하고, 만나면 헤어지는 것이 사람의 일이라지만 타고난 명을 다하지 못한 사람들이기에 정약용의 마음이 더욱 애틋했다. 태평한 시대를 만났더라면 학문을 닦아 세상을 이롭게 하며 순탄한 삶을 살았을 사람들이었다. 정약용은 천주교도라는 죄목으로 당쟁에 희생당한 그들이 아깝고 또 안타까웠다.

아름다운 고향 땅 마재로 돌아와, 배를 띄워 고기를 잡고 마음이 통하는 이와 함께 시를 읊으며 사는 것이 정약용이 평생 꿈꾸던 삶이었다. 그러나 그의 삶은 세상의 소용돌이에 휘말려 한시도 평안할 날이 없었다. 한 갑자의 세월이 돌고서야 비로소 소박한 꿈을 이루게 되었으나, 그 전에 해야 할 일이 있었다. 정약용은 붓을 들어 파란과 굴곡으로 얼룩진 자신의 생을 기록하기 시작했다.

나는 건륭(乾隆) 임오년에 태어나 지금 도광(道光)의 임오년을 만났으니 갑자(甲子)가 한 바퀴 돈 60년의 돌이다. 무엇으로 보더라도 죄와 뉘우침의 세월이었다. 지난날을 거두어 정리하고 한평생을 다시 돌이키고자 한다. 올해부터 정밀하게 자신을 닦고 실천하여 하늘이 준 밝은 명을 살펴서 여생을 끝마치려 한다. 그리고 집 뒤란의 남쪽을 등진 언덕에 관 들어갈 구덩이의 모형을 그려 놓고, 나의 언행을 대략 기록하여 무덤 속에 넣을 묘지(墓誌)로 삼겠다.

묘지는 죽은 사람의 이름과 신분, 행적 등을 기록하는 글로, 죽은 후에 가까운 사람들이 기록하는 것이 상례였다. 정약용은 자신의 삶을 정리하여 스스로 묘지명을 쓰고 '자찬묘지명'이라는 제목을 붙였다.

정약용이 자신의 묘지를 스스로 쓰는 데에는 이유가 있었다. 그는 단순히 자신의 생을 돌아보고 잘못을 반성하기 위한 묘지명을 쓰고 싶지 않았다. 그렇다고 자기변명의 글을 남기고 싶지도 않았다. 다만 정약용은 자신의 생애가 왜곡되어 전해지지 않기를 바랐다. 폄하도 미화도 없이 자신의 생을 살아왔던 그대로 남기고 싶었다. 당쟁에 휘말려 제대로 뜻을 펼치지 못한 채 회한 많은 생을 살아야 했던 정약용은 후손들의 평가를 기약하며 붓을 잡았다.

사도세자의 죽음 끝에 태어난 정약용

정재원은 사랑방에서 오랜만에 찾아온 친구와 마주했다. 친구는 근심으로 흐려진 낯빛으로 말문을 열었다.

"재원이 자네, 잠시 고향에 내려가 있는 것이 어떻겠나?"

"한양에 온 지 얼마 되지도 않았는데, 그게 무슨 소린가?"

"시국이 하도 어수선해서 하는 말이네. 오늘 궁에 들어갔다가 험한 소식을 들었네. 노론 일당이 임금님께 세자(뒷날 사도세자)의 잘못을 고했다는군."

"그게 어디 하루 이틀 일인가. 세자 전하께서 정사를 돌본 후 노론 세력에 대항하고 계시니 세자 전하를 폐위시키려고 혈안이 되었을 테지."

"지난밤에 노론 일당이 세자 전하께서 정신병을 앓고 있으며, 정사는 돌보지 않고 포악한 일만 일삼는다고 임금님께 고했다네. 임금님께서는 몹시 화를 내시며 그 자리에서 세자 전하에게 자결을 명하셨네."

"어찌 그럴 수가 있단 말인가. 이건 역적의 짓거리야!"

정재원은 주먹을 쥐었다. 비록 세자의 자리에 계시지만 노쇠한 임금을 대신해서 정사를 펼치는 분이었다. 그런 분을 음해하는 것은 분명 역적의 짓거리였다.

"곧 피바람이 불어 닥칠 것일세. 잠시 고향에 내려가 피신을 하게나."

"그럴 수는 없네. 이럴 때일수록 세자 전하의 편에서 힘이 되어 드려야 하지 않겠나."

"나 역시 자네와 같은 마음이네. 그러나 말단 관직에 있는 우리가 무슨 일을 할 수 있겠나. 한양에 남아 멸족을 당하느니 고향에 내려가 있다 후일을 도모하는 것이 옳지 않겠나."

정재원은 분노를 참기 위해 이를 악물었다. 일당 독재를 위해서라면 역적의 짓거리도 서슴지 않는 노론 세력과 세자를 지키기 위해 아무것도 할 수 없는 힘없는 자신에게 화가 났다.

정재원은 벼슬에서 물러나 고향으로 내려가기로 마음먹었다. 만삭의 아내와 함께 고향으로 떠나는 정재원의 발걸음은 한없이 무거웠다.

참으로 어렵게 열린 벼슬길이었다. 정재원의 집안은 '8대 옥당'의 명문가였다. 옥당은 홍문관의 다른 이름으로, 궁중의 책을 관리하는 관청을 이르는 말이었는데 구슬처럼 귀한 자리라하여 옥당이라 부르기도 했다. 왕의 자문에 임하여 조정의 옳고 그름을 논하거나 간언하기도 하는 직책이었으므로 학식뿐만 아니라 인품이 뛰어나야만 그 자리에 오를 수 있었다. 8대에 걸쳐 옥당에 오를 만큼 훌륭한 가문이었으나 노론이 정권을 잡으면서 남인 계열이었던 정씨 가문의 벼슬길도 막히고 말았다. 그러다 정재원의 벼슬길이 열

　린 것은 영조의 탕평책 덕이었다. 탕평책은 당파의 분열과 대립을 완화시키기 위해 인재를 고루 등용하고자 실시한 정책이었다. 그러나 이미 당파의 이해관계에 눈먼 관리들이 진을 치고 있는 조정은 썩을 대로 썩어 있었다.

　고향에 내려온 지 얼마 되지 않아 정재원은 가슴 아픈 소식을 들어야 했다. 남인들은 세자를 해하려는 노론에 반대했으나 일당 독재를 향한 노론의 서슬 퍼런 세력에 대항할 힘이 없었다. 영조 임금은 마침내 세자를 쌀을 보관하는 뒤주에 가두게 했다.

세자를 위기로 몰아세운 장본인은 노론 세력의 핵심에 있었던 세자의 어머니였으며, 세자의 부인마저도 당파의 이익을 위해 남편에게 등을 돌렸다. 열한 살의 어린 세손(뒷날 정조)만이 영조의 앞에 나아가 엎드려 빌었다.

"할바마마, 부디 제 아비를 살려 주시옵소서."

어린 세손의 눈물겨운 애원도 영조의 마음을 돌이키지 못했다. 세자는 뒤주에 갇힌 지 여드레 만에 세상을 떠났다. 세자의 죽음을 전해 들은 영조는 폐했던 세자의 호를 즉시 회복하고 사도라는 시호를 내렸다. 그것은 영조가 아들을 위해 할 수 있는 마지막 일이었다. 영조는 아들을 죽이고 싶어 죽인 것이 아니었다. 아무리 비정한 아비라 하더라도 자신의 손으로 자식을 죽이는 일만큼은 피하고 싶었을 것이다. 사도세자의 비극은 시대에서 비롯되었다. 당파의 이익만이 모든 것에 우선하던 당쟁의 시대, 어머니가 아들을 죽음의 궁지로 몰아넣고 아내가 남편을 배반하며 아버지가 아들을 죽이는 패륜과 불의의 시대가 사도세자의 비극을 몰고 온 것이다.

그로부터 24일 후인 1762년 6월 16일, 정재원의 넷째 아들인 정약용이 태어났다. 정재원은 아들에게 귀농(歸農)이라는 아명을 지어 주었다. 귀농이란 농촌으로 돌아왔다는 뜻으로, 벼슬을 버리고 고향으로 내려온 뜻을 기려 지은 이름이었다. 아들이 당쟁이나 세파에 휩쓸리지 않고, 시골에서 농사를 짓고 학문을 연마하며 편안히 살기 바라는 마음으로 지은 이름일 것이다. 그러나 정약용은 아버지의 바람처럼 순탄한 삶을 살 수 없었다. 아비의 억울한 죽음을 목격해야 했던 정조와 사도세자가 죽은 직후 태어난 정약용의 만남은 파란의 역사를 예고하고 있었다.

세 개의 눈썹을 가진 아이

정약용에게는 세 명의 형이 있었다. 정재원은 첫 부인 의령 남씨에게서 약현을 낳았고, 의령 남씨가 병으로 일찍 죽자 해남 윤씨와 두 번째 결혼을 했다. 해남 윤씨에게서 약전, 약종, 약용 형제와 딸 하나를 낳았다.

정약용의 외가인 해남 윤씨 집안은 예술에 조예가 깊었다. 인물화로 유명한 외조부 윤두서는 산수화의 정선, 화조도의 심사정과 함께 조선시대 회화의 삼재(三齋)로 일컬어지는 조선의 대표적인 화가였고, 윤두서의 증조부인 윤선도는 〈어부사시사〉를 지은 빼어난 문인이었다. 정약용은 8대에 걸쳐 옥당을 지낸 친가에서 이성적인 학자의 면모를, 외가의 가풍에서 섬세한 예술의 감성을 물려받았다.

정약용의 선생님은 아버지였다. 정약용은 총명하고 이해가 빨랐으며 한번 배운 것은 잊어버리지 않는 영민한 아이였다. 네 살 때

천자문을 배우기 시작한 정약용은 여섯 살 때에는 아버지가 현감으로 부임한 연천으로 따라가 경전을 공부했다. 시를 짓는 재주 또한 빼어나서 정재원은 늘 정약용을 기특하게 여겼다.

일곱 살에 정약용은 〈산〉이라는 시를 지었다.

작은 산이 큰 산을 가렸네

멀고 가까움이 다르기 때문이지

"본디 작은 것은 큰 것을 가릴 수 없는데, 어찌하여 너는 작은 산

이 큰 산을 가렸다고 하는 것이냐?"

정재원은 짐짓 꾸짖는 목소리로 물었다. 정약용이 뜻을 제대로 알고 지은 것인지 시험해 보기 위해서였다. 정약용은 자신 있는 목소리로 막힘없이 대답했다.

"사람들은 앞에 있는 산이 뒤에 있는 산을 가리는 것을 보고 큰 산이 작은 산을 가렸다고 말합니다. 그러나 앞산이 크게 보이는 것은 실제의 크기가 뒷산보다 커서가 아니라 거리가 가깝기 때문입니다. 하여 작은 산이 큰 산을 가렸다고 한 것입니다. 사람들이 실제의 크기는 따져 보지 않고 보이는 대로만 말하기에 이 시를 지었습니다."

"사물의 이치를 그토록 잘 깨우치고 있으니 자라면 역법과 산수에 능하겠구나."

정재원은 크게 기뻐하며 칭찬했다.

정약용은 자신의 시를 모아 《삼미자집(三眉子集)》을 지었다. 삼미자는 눈썹이 세 개인 사람이라는 뜻으로, 그의 별명이었다. 그 별명은 두 살 때 앓은 천연두에서 비롯됐다. 천연두는 무서운 열병이었다. 이 병에 걸리면 거의 모든 아이들이 목숨을 잃었고, 살아남는다고 해도 얼굴이 흉하게 얽어 버렸다. 정약용은 얼굴에 열꽃 자국을 남기지 않고 곱게 병을 치렀으나 유독 눈썹 위에 흉터 하나가 남았다. 이 흉터가 눈썹을 갈라 눈썹이 세 개인 것처럼 보였으므로, 정약용은 스스로 '삼미자'라는 아호를 붙여 사용했다.

정약용은 학문을 익히고 글을 짓는 일을 게을리 하는 법이 없었다. 열 살 무렵에는 경전이나 두보 시의 운을 모방한 시를 지어 어른들에게 크게 칭찬을 받았는데, 1년 동안 지은 책을 쌓아 놓고 보니 자신의 키만큼이나 되는 높이였다.

아홉 살이 되던 해에 정약용은 큰 슬픔을 겪어야 했다. 어머니 해남 윤씨가 오랜 지병 끝에 세상을 떠난 것이다. 정약용은 더욱더 열심히 경전을 읽고 시를 지었다. 그에게 공부는 어머니를 잃은 슬픔을 이겨 내는 방법이었다. 어머니의 자리를 대신해 준 사람은 맏형 약현의 아내였다. 형수는 어린 시동생을 살뜰하게 보살펴 주었다. 어려서 씻기를 싫어했던 정약용이 도망을 다니면 세숫대야를 들고 따라다니며 씻겨 주었고, 더러워진 옷을 빨아 주고 음식을 챙겨 먹이곤 했다. 정약용에게 형수는 어머니와도 같았다. 어머니가 오래도록 병상에 있었으므로 제대로 보살핌을 받지 못하고 자란 정약용은 형수에게 어머니처럼 애틋한 정을 갖게 되었다. 정약용은 맏형수와 인연이 깊었다. 형수의 친정 동생인 이벽은 청년시절 정약용에게 학문적 영향을 끼쳤고, 그에게 천주교를 소개하기도 했다.

열두 살이 되던 해에 정재원이 재혼을 했으므로 형수가 보살펴던 일을 계모 김씨가 맡았다. 정약용은 어릴 때 머리에 이가 많고 부스럼이 자주 생겼는데, 그럴 때마다 새어머니는 손수 머리를 빗기고 고름과 피를 씻겨 주었다. 새어머니는 유독 정약용을 귀여워했고, 어릴 때 어머니를 잃은 정약용 또한 새어머니에게 깊이 정이 들었다.

실학의 세계에 눈을 뜨다

홍화보의 딸과 결혼하다

1776년 2월, 열다섯의 정약용은 막내 숙부 정재진과 함께 한양으로 가는 배에 올랐다. 홍화보의 외동딸과 결혼을 하기 위해서였다. 햇살이 투명하고 따스한 봄의 초입이었다. 봄바람에 일렁이는 강의 잔물결 위로 산의 그림자가 맑게 비쳤다. 정약용은 문득 고개를 들었다. 울창한 삼각산이 성큼 눈 안에 들어왔다. 정약용은 가슴이 울렁거렸다. 아름다운 아내를 맞는 일도 설레는 일이지만, 결혼 후 한양에서 생활할 것을 생각하니 가슴이 벅찼다. 그동안 아버지 아래서 착실하게 학문의 바탕을 닦아 놓았으나 도시와 시골은 문화의 차이가 현저했다. 높은 안목을 세우려면 넓은 곳에서 두루 식견을 쌓아야 한다는 게 그의 생각이었다. 그는 자신의 앞길에 새로운 세계가 열릴 것을 예감했다.

혼례를 치르자, 정약용보다 아홉 살 많은 사촌 처남 홍인호가 그에게 장난을 걸었다.

"사촌 매부 삼척동자."

시의 형식을 빌려 키가 작은 정약용을 놀린 것이다.

"중후 장손 경박 소년."

정약용이 곧바로 맞받아쳤다. 주위 사람들은 정약용의 재치 있는 답변에 놀라움을 금치 못했다. 중후하고 점잖아야 할 홍씨 가문의 장손이 키는 크지만 성품이 가볍다고 응수한 것이다.

장인 홍화보는 문무를 겸비한 장수였다. 병법에 밝았을 뿐만 아니라 학식이 상당하여 승지의 관직에까지 이르렀는데 무인으로서 승지에 오르는 것은 이례적인 일이었다. 그는 곧고 강직한 성품을 지닌 사람이었다. 정약용이 혼인한 후에 홍화보는 평안도 운산으로 유배를 가게 됐다. 당시 세도가인 홍국영에게 뇌물을 바치지 않아 미움을 샀기 때문이었다.

"홍국영에게 뇌물을 바치게나. 유배에서 풀릴 방법은 그것밖에 없는

것 같네."

주위 사람들의 조언에 홍화보는 코웃음을 쳤다.

"자네는 홍국영을 태산으로 여기는가. 그는 빙산에 지나지 않네."

지금은 비록 홍국영이 자신을 유배 보내지만, 햇빛이 비치면 곧 녹아 사라지는 빙산처럼 홍국영의 권세도 오래가지 않을 것이라는 말이었다. 오래지 않아 홍화보는 유배에서 풀려났고 후에 영남우도 병마절도사가 되었지만, 홍국영은 벼슬에서 쫓겨나고 말았다.

홍화보는 정약용을 무척 아껴서 영조 임금이 하사한 활을 가보로 소중히 간직하고 있다가 정약용에서 선물하기도 했다. 정약용은 후일 병서를 저술하는 데에 장인의 영향을 많이 받았다.

새로운 학문, 실학을 알게 되다

정약용이 혼인한 다음 달에 영조가 죽고 정조가 즉위했다. 낡은 시대가 가고 새로운 시대가 열린 것이다. 영조는 탕평책을 실시하여 고른 인재 등용으로 당쟁을 완화하려 했지만, 확고하게 자리 매김을 하고 있는 노론의 세력을 장악할 수는 없었다. 사도세자가 죽은 후 노론은 다시 세력을 회복했고, 일당 독재를 위해 전보다 더 폭압적인 정치를 했다. 정조는 노론에게 죽임을 당한 사도세자의 아들이었다. 정조는 즉위 초부터 남인들을 등용하기 시작했다. 정권을 장악한 노론을 견제하기 위해서는 진보적이고 개혁적인 신진 세력이 필요했다.

　정재원이 호조 좌랑의 벼슬에 오르면서 정약용의 집안 식구들은 한양으로 이사했다. 한양에 살면서 정약용은 교제의 폭이 넓어졌다. 어린 시절 어머니를 대신해 정약용을 보살펴 주었던 큰형수의 동생 이벽과 친하게 지냈고, 누님의 남편으로 여섯 살 위인 이승훈과도 함께 어울렸다. 이승훈은 성리학에 연연하지 않고 실학에 밝은 사람들을 정약용에게 소개했다.

　"지금 만나러 가는 이가환이라는 분은 어떤 분입니까?"

　이가환을 만나러 가는 길에 정약용은 이승훈에게 물었다.

　"아직 뵙지 못했는가?"

　"소문으로만 들었습니다. 희대의 천재라고 하더군요."

　"그 정도면 희대의 천재 소리를 들을 만도 하지. 기억력이 아주 비상한 분이야. 한차례 눈으로 보기만 하면 죽을 때까지 잊지 않았다가 우연한 기회에 누가 물어보면 막힘없이 술술 대답을 하신다네. 오죽하면 질문한 사람이 깜짝 놀라서 귀신이 아닌지 의심할 정도라네."

　이가환은 이승훈의 숙부로 정약용보다 스무 살이 많은 대선배였다. 유학뿐만 아니라 천문·지리·역사·수학·의학에 이르기까지 여러 방면에서 뛰어난 지식을 갖고 있었다. 정조가 이가환을 불러 중국의 역대 관제와 서양의 역법에서부터 과학 기술에 이르기까지 다양한 분야에 대해 물어보았으나 더는 물어볼 것이 없을 정도로 막힘없이 대답하여 이 사람은 훗날 재상에 이를 만한 인재라며 감탄했다는 소문을 정약용은 익히 들어 알고 있었다. 정약용은 한시라도 빨리 이가환을 만나 보고 싶었다. 이가환은 성호 이익의 종손(從孫)으로, 이익의 학풍을 계승하는 성호학파의 중심인물이었다.

이가환은 정약용을 반갑게 맞았다.

"내 약용이 자네에 대해서는 승훈이 이 사람에게 많이 들었네. 아주 똑똑한 젊은이라고 하더군."

"과찬이십니다. 그저 미천한 재주일 뿐입니다."

"허허, 겸손하기까지 하구먼. 그래 그동안 공부는 어떻게 하였는가?"

"아버님 밑에서 논어와 맹자를 익혔습니다."

"실학은 접하지 못하였는가?"

"들어는 보았지만 아직 학문으로 접하지는 못했습니다."

"성리학은 예나 지금이나 공리공론만을 일삼고 있네. 백성의 삶에 도움을 주지 못하는 학문을 어찌 올바른 학문이라고 할 수 있겠나. 이 책을 한번 읽어 보게."

이가환이 건넨 것은 이익의 《성호사설》이었다. 정약용은 돌아와서 그 책을 열심히 읽었다. 그 책에 담겨 있는 학문은 그동안 공부했던 것과는 전혀 다른 새로운 학문이었다.

이익은 어려서 아버지를 여의고 둘째 형인 이잠에게 교육을 받으며 성장했다. 이익의 학문이 개혁적일 수 있었던 것은 이잠의 영향 때문이었다. 이잠은 숙종 때 당쟁에 휘말려 노론에 맞서다가 형장에서 매를 맞고 죽었다. 이에 충격을 받은 이익은 평생 벼슬에 나가지 않았다. 이익은 안산 점성촌의 성호라는 호숫가 근처에 살면서 오로지 학문을 하는 데에만 전념하며 제자들을 가르쳤다.

이익은 실생활과 동떨어진 채 공허한 논쟁만 일삼으며 형이상학에 치우친 당시의 학풍을 비판했다. 학문은 정확한 고증을 바탕으로 객관적이고 과학적인 태도를 갖추어야 하며, 이를 위해서는 주희 이전의 고대 유학으로 돌아가야 한다고 주장했다.

또한 학문은 현실 생활에 실질적인 이익을 줄 수 있어야 한다고 생각했다. 이익이 나라의 근본으로 여긴 것은 백성이었다. 백성이 편안해야 나라가 있고, 나라가 있어야 임금이 있다고 생각한 것이다. 농업이 경제의 중심인 조선에서 백성의 삶을 넉넉하게 하기 위해서는 토지 제도의 개혁이 필요했다. 농민들은 대부분 농사지을 땅이 없어서 지주에게 땅을 빌려 농사를 지었다. 비싼 소작료를 내야 했기 때문에 농민들의 삶은 갈수록 어려워졌고, 땅을 가진 자들은 계속해서 더 많은 땅을 사들여 부를 축적했다. 이익은 토지 개혁의 일환으로 한전제를 주장했다. 한전제란 나라에서 농민에게 땅을 나누어 주는 대신 땅을 사적으로 매매하지 못하게 하는 토지 제도였다. 한전제는 비록 시행되지 못한 채 이상적인 제도로 남았지만, 사유 재산인 토지를 몰수하여 백성에게 나누어 주자는 그의 생각이 얼마나 개혁적이었는가를 짐작할 수 있게 한다.

이익은 무위도식하는 양반들도 농사를 지어야 한다고 주장했으며, 인재를 고루 등용해야 한다고 역설했다. 그의 대표적인 저술로는 유학·농업·천문·지리·역사·군사·자연 과학 등 다양한 분야에 대한 연구를 백과사전식으로 묶은 《성호사설》이 있다.

이익은 서학에 대해서 주체적인 수용의 자세를 취했다. 그는 합리적인 세계관을 바탕으로 서양 과학 기술에 대해서는 우월성을 인정하고 적극적으로 받아들였지만, 천주교에 대해서는 불교와 같이 허황된 것이라 하여 배격했다.

이익의 학문은 정약용에게 신선한 충격을 던져 주었다. 정약용이 이익의 저술에서 특히 영향을 받은 부분은 경세치용의 실학과 서양 과학의 우월함을 열린 자세로 받아들이자는 서학이었다. 정약용은 이익의 저술을 읽으면서 새로운 방향으로 학문을 정립해 나아가는 중대한 전환기를 맞이하게 되었다.

과거시험 공부
열여섯 살의 가을, 아버지가 전라도 화순의 현감으로 부임하자 정약용은 아내, 형제들과 함께 아버지의 임지로 내려갔다.

이듬해 겨울, 정약용은 화순 근처의 동림사에서 40일간 둘째 형 약전과 함께 머물렀다. 정약용은 유독 약전과 가까웠다. 정약전은 그에게 형이자 친구였으며 스승이었다. 아침 일찍 일어나 밖에 나가 보면 밤사이 내린 눈이 온 산을 하얗게 뒤덮고 있었다. 정약용은 유리처럼 맑은 얼음을 깨뜨려 그 물로 세수를 하고 이를 닦았다. 뼛속까지 시린 물로 얼굴을 닦고 나면 밤늦게까지 책을 읽은 피로가 말끔히 가시며 정신이 맑아졌다. 그렇게 그 겨울 동안 《맹자》 한 질을 모두 읽었다. 정약용이 《맹자》를 읽다가 옛 주석과 주희의 주에 얽매이지 않고 새로운 해석을 하면 정약전이 무릎을 치며 그에 뜻을 같이했고, 정약전은 《시경》을 읽으며 요·순시대의 이상을 실현하겠다는 가슴속 포부를 펼치기도 했다.

열여덟 살에 정약용은 약전과 함께 한양에 올라와 과거시험을 준비했다. 그리고 그해 겨울에 생원과·진사과에 응시할 자격을 주는 승보시에 합격했다.

정약용은 아내와 함께 아버지의 새 부임지인 예천으로 내려갔다. 예천 관아의 동쪽에 반학정이라는 정자가 있었다. 사람들의 발길이 닿은 지 오랜 듯 바닥에는 먼지가 뿌옇게 쌓여 있었다. 군데군데 내려앉은 서까래에 온통 거미줄이 쳐져 있어서 한눈에도 음산해 보이는 정자였다.

"도련님, 이곳은 사람들이 발길을 하지 않는 곳이니 다른 곳을 둘러보십시오."

관아를 안내하던 하인이 말했다. 하인은 무언가 꺼리는 낯빛으로 반학정을 등진 채 초조하게 걸음을 재촉했다.

"한적하여 공부하기 좋을 듯하니 이곳을 정리해 주시게."

"하필이면 왜 이곳에 머물려 하십니까? 관아 안에도 조용한 곳이 있으니 그곳을 공부방으로 쓰시지요."

"그토록 이곳을 꺼리는 이유라도 있소?"

한참을 주저하던 하인은 못내 입을 열었다.

"이곳은 전부터 귀신이 나오는 곳이라고 합니다. 사람들이 오기를 꺼려하여 폐가가 된 지 오랩니다."

정약용은 웃음을 터뜨렸다.

"귀신이란 오직 사람이 부르는 것이니, 내 마음에 귀신이 없으면 어찌 귀신이 스스로 나오겠는가. 마침 동헌에서 멀리 떨어져 소송하는 소리가 들리지 않으니 내 이곳을 공부방으로 쓰겠네."

정약용은 주변의 만류에도 아랑곳하지 않고 반학정에서 혼자 지내며 공부에 전념했다. 정약용은 헛된 미신에 현혹되지 않고 귀신 따위를 두려워하지 않을 만큼 강단진 성품을 지니고 있었다. 굳이 반학정에 머문 데에는 다른 이유도 있었다. 수령의 자제들이 유흥에 빠져 공부를 등한시하거나 수령의 권위를 등에 업고 아전이나 백성을 만나며 관아의 일에 관여하는 것이 옳지 못하다고 생각하기 때문이었다.

아버지 곁에 머물며 공부했던 화순과 예천에서 정약용은 목민관의 임무를 가까이서 관찰하고 배울 기회를 가질 수 있었고, 이것은 후일 그가 벼슬길에 나아가 목민관으로서의 실무와 자세를 갖추는 데 크게 도움이 되었다.

성균관 유생이 되어 정조를 만나다

1783년 2월, 정약용은 세자(뒷날 순조) 책봉을 축하하는 증광감시 초시에 합격했고, 그해 4월에 실시한 회시에서 생원에 합격해 성균관에 입학했다. 성균관은 조선 유일의 대학으로 소과 시험에 합격해야만 입학할 수 있었다. 정약용은 창경궁 선정전에서 열린 사은 행사 때 처음으로 정조를 만났다.

"얼굴을 들라."

정조는 정약용에게 명했다.

"나이가 몇인가?"

"임오년생으로 스물두 살입니다."

"임오년생이라……."

임오년은 정조에게 가슴 아픈 해였다. 아버지 사도세자가 억울한 죽음을 맞은 해였던 것이다. 정조에게는 사도세자가 죽은 직후에 태어난 정약용이 예사롭게 보이지 않았다. 모습을 자세히 살펴보니 두 눈에 총기가 어려 있고, 굳게 다문 입술에서 강건한 기개가 엿보였다. 게다가 정약용은 노론의 반대당인 남인 계열의 인재였다. 정조는 노론에 맞서 바른 정치를 펼치기 위해 자신을 뒷받침해 줄 현명한 신하가 필요했던 것이다. 남인이라는 출신이 필요한 것이 아니라 명민하면서도 기개가 있는 신하가 필요했다. 정조는 후일 큰 재목이 될 인물이라 생각하며 정약용을 눈여겨봐 두었다. 이날의 만남을 일컬어 후손들은 '풍운의 첫 만남'이라고 했다. 풍운의 만남이란 용이 바람과 구름을 만나 기운을 얻는 것처럼 어진 임금과 총명한 신하가 만나는 일을 이르는 말이다.

그해 여름 정약용은 회현동으로 집을 옮기고 그 집에 누산정사(樓山精舍)라는 이름을 붙였다. 9월에는 거기에서 큰아들 학연을 낳았다. 아버지 정재원이 진사과에 합격하던 해에 정약용이 태어났는데, 정약용이 진사과에 합격한 해에 학연이 태어났다. 아버지와의 인연이 큰아들에게 이어지니 그 인연이 예사롭지 않게 여겨졌다. 게다가 첫 딸아이를 낳은 지 닷새 만에 잃은 후 얻은 아들이어서 기쁨이 더했다. 정약용은 슬하에 6남 3녀의 자식을 두었으나 그중 여섯을 어려서 천연두로 잃었다. 자식을 잃는 고통이야말로 생에 가장 큰 고통이었다.

이듬해 봄에는 이승훈 등이 주관한 향사례(鄕射禮)에 참석했다.

향사례는 선비들이 모여 예를 갖추고 상무(尙武)의 뜻으로 활쏘기를 겸하는 모임이었다. 이날 이 모임에 참석한 선비들은 100명이 넘었다. 단순한 친목 도모의 형식을 취하는 모임이었으나, 이날만큼은 친목 이외의 의미가 있었다. 향사례에 참석한 선비들은 대부분 성호학파의 선비들이었으므로, 고루한 유교에 반기를 든 젊은 선비들이 새로운 학문에 대한 열띤 토의의 분위기가 무르익었다. 새로운 시대를 맞은 젊은

선비들은 개혁적인 실학과 서학의 사상으로 술렁이고 있었다.

　스물세 살의 여름, 정조는 성균관 학생들에게 《중용》에 관해 70문제를 뽑아 과제를 냈다. 정약용은 수포교에서 공부하고 있는 이벽을 찾아가 문항별로 토론을 거쳐 답안을 작성했는데, 이것이 《중용강의》였다. 정약용의 《중용강의》를 읽은 정조는 극찬을 아끼지 않았다.

　"유생들의 답변이 모두 거칠어 마음에 드는 것이 없었는데, 오로지 정약용의 대답만이 특이하구나. 반드시 식견 있는 선비일 것이다."

　"정약용이 남인이면서도 율곡의 학설을 지지했기 때문이옵니까?"

　성균관을 관리하는 신하가 정조에게 물었다. 신하는 정조가 정약용의 답변을 특이하다고 한 것이 첫 문항에 대한 답 때문일 것이라고 생각했다. 정약용은 이벽과 의논하여 답변을 작성하는 과정에서 첫 문항에 대해 의견이 맞섰지만, 이벽의 의견을 수용하지 않고 자신의 의견을 적었다. 첫 문항은 성리학의 주요 쟁점으로, 퇴계 이황과 율곡 이이 학설의 차이점을 물은 것이었다. 정약용은 기질에서 발동한다는 율곡의 학설에 근거하여 답변을 작성했다. 이 사실을 알게 된 남인 유생들은 정약용을 비판했다. 퇴계는 남인이

추종하는 학자였지만, 율곡은 노론이 지지하는 학자였기 때문이다. 정약용은 당파를 떠나서 자신이 옳다고 생각한 학자의 학문을 지지했다.

"단지 그 이유만은 아니다. 남인이면서도 당파에 얽매이지 않고 자신이 옳다고 생각한 학자를 지지하는 것은 학문을 하는 자의 바른 태도다. 그러나 정약용의 학설은 이미 주자의 성리학에서 벗어나 새롭게 해석하는 독자적인 시각을 갖추고 있기에 식견 있는 선비라고 한 것이다."

신하는 그제야 고개를 끄덕이며 정조 임금의 눈썰미에 감탄했다. 정조는 학문에 조예가 깊었기에 그만큼 유능한 인재를 알아보는 눈 또한 날카로웠다.

정약용은 성균관 학생들을 대상으로 실시하는 과거시험인 반제에서 항상 장원을 하거나 급제했다. 정조는 정약용의 답안을 높이 평가하여 책과 종이 등의 상을 내렸다.

"과인이 내린 《팔자백선》을 받았느냐?"

"예. 소중히 간직하고 있습니다."

"《대전통편》은 받았느냐?"

"예. 그러하옵니다."

"《국조보감》도 받았느냐?"

"받았습니다."

"허허, 근래에 규장각에서 발행한 책을 모두 받았으니 더 이상 상으로 내릴 책이 없구나. 그렇다면 술이나 한잔 받도록 하라."

정약용은 임금께서 친히 내린 계당주 한 사발을 모두 마셨다.

자리에서 물러서 나오는데 승지 홍인호가 뒤에서 불렀다. 홍인호는 소매 속에서 책 한 권을 꺼내 정약용에게 건넸다. 병법 책인 《병학통(兵學通)》이었다.

"상감께서 자네가 장수의 재주도 함께 갖추고 있으니 이 책을 내린다고 전하라고 하셨네. 훗날 나라에 변이 생기면 자네를 출전시킬 수도 있다고 하셨네."

정조는 정약용을 문과 무를 겸비한 인재로 여겨 몹시 아꼈다. 새 시대를 이끌어가기 위해서는 새로운 안목을 가진 인재가 필요했다. 정조는 새로운 학문의 싹을 정약용에게서 보고 있었다.

반제에서는 반드시 급제하는 정약용도 어쩐 일인지 대과에서만은 여러 번 낙방했다. 대과에 급제해야만 관리로 나아갈 수 있었다. 대학생들을 대상으로 하는 과거시험에서 급제하여 희정당에서 임금을 알현하자 정조가 정약용에게 물었다.

"초시를 몇 번이나 보았는가?"

"네 번 보았습니다."

정조는 한동안 말이 없었다.

"그렇게 해서야 끝내 대과에 급제할 수 있겠는가?"

정약용의 대과 급제를 기다리는 안타까움이 묻어나는 말이었다.

정조가 정약용의 급제를 그토록 고대했기 때문이었는지 정약용은 곧 대과 시험에 합격했다. 1789년, 그의 나이 스물여덟이었다. 정약용의 답안은 심봉석과 장원을 다투었다. 정조는 시험관 채제공에게 장원의 기준을 제시했다.

"나이가 많은 자를 1등으로 하고, 국가에서 쓸 만한 자를 2등으로 하라."

정약용의 나이가 심봉석보다 많음을 알고 이른 말이었다. 채제공은 정조의 뜻을 알고 있었지만, 심봉석을 1등으로 올렸다. 정약용이 사돈의 아들이었기 때문이다. 과거 심사에 사사로운 정이 개입되었다는 비판은 자신에게만 아니라 정약용에게도 좋지 않다는 것을 알고 있었다. 정약용의 답안은 장원으로 손색이 없는 것이었지만, 남인인 정약용이 정조의 총애를 한 몸에 받는 것을 경계하는 노론이 두 사람의 인척 관계를 들어 모함할 것을 걱정했던 것이다. 막상 장원을 발표하려 할 때, 예기치 않은 문제가 생겼다. 심봉석이 답안에 아버지의 이름을 쓰지 않았던 것이다. 과거시험지에 아버지의 이름을 적는 것은 반드시 지켜야 할 규칙이었다. 결국 정조의 바람대로 정약용이 장원에 올랐다. 이로써 정조가 그토록 기용하고 싶었던 정약용은 비로소 관직의 문에 첫발을 디딜 수 있었다.

천주교에 발을 딛다

최초의 세례자 이승훈

1783년 12월 21일, 베이징의 차가운 바람이 옷섶을 파고들었다. 이승훈은 옷깃을 여미고 발걸음을 재촉했다. 그는 중국의 새로운 서적을 구입한다는 명목으로 베이징에 왔지만, 책을 파는 시장으로 가지 않았다. 그의 걸음이 향하고 있는 곳은 천주당 북당이었다. 이승훈은 신중하고도 민첩하게 발걸음을 옮겼다.

이승훈에게 북당에 들를 것을 권유한 사람은 일찍이 천주교에 마음을 연 이벽이었다.

"승훈이, 자네는 천주학에 대해 어떻게 생각하나?"

이벽이 이승훈을 찾아와 물었다. 이승훈이 사절단으로 중국에 가는 아버지를 따라 베이징에 간다는 소식을 듣고 찾아온 것이었다. 이벽은 오래전부터 천주학에 대해 상당한 지식을 갖고 있었다. 이벽이 천주교를 접하게 된 것은 그의 고조부 이경상 때문이었다. 이경상은 선양에 인질로 잡혀간 소현세자를 모셨는데, 독일인 선교사 샬 폰 벨이 소현세자에게 건넨 천주교 책의 일부가 집안에 전해졌던 것이다. 이벽은 이 책들을 읽으며 스스로 천주교 신자가 되었다.

"잘은 알지 못하지만, 천주학이 허황되기만 한 것은 아니라고 생각합니다."

"천주학 안에는 서양의 합리적인 세계관이 있지. 요즘 젊은 사람들은 종교보다는 서양의 과학 기술에 더 관심이 많은 모양이네만 나는 생각이 다르네. 그것은 천주학에 부수적으로 따라온 것일 뿐, 핵심이 될 수 없네. 천주학의 핵심은 사랑이 아닌가. 천주님 아래에 있는 모든 백성은 천주님의 사랑 안에서 평등하다고 하지 않던가. 조선이 고루한 유교 사상에 얽매여 반상의 도를 따지고, 그것도 모자라 당파를 나누어 다툼을 하고 있는 동안, 서양에서는 모든 사람이 평등하다는 생각을 하고 있었으니 서양의 과학과 문명이 발전한 것은 사람을 사랑하는 생각 때문이 아니었나 싶네."

"저와 같은 생각을 하고 계시니 기쁜 마음이 듭니다."

"자네 생각도 그러한가. 사실 나는 오래전부터 홀로 천주님을 마음에 섬기고 있었네. 천주학을 한 것이 아니라 천주교를 받아들인 것일세. 우리나라는 천주학을 서학이라 하여 서양의 학문으로 받아들이고 있을 뿐, 아직 종교로서 마음 깊이 영접하는 이가 없지 않나. 이번에 베이징에 가거든 천주당으로 찾아가 신부님을 만나 뵙고 오게."

이승훈은 북천주당의 문을 열었다. 그의 마음은 흥분과 설렘으로 벅차올랐다. 그는 조심스럽게 첫발을 내디뎠다. 그것은 조선의 사상에 커다란 전환을 가져오는 개혁의 발걸음이었으며, 수많은 천주교도와 조선의 젊은 지식인들을 사지로 몰아넣는 시련의 역사를 여는 발걸음이었다.

성당의 벽에는 십자가에 못 박힌 예수의 상이 걸려 있었다. 그는 십자가를 향해 깊이 머리를 숙였다. 자신의 앞에 펼쳐진 길이 저와 같은 고난이라 하더라도 그는 인간을 구원하기 위해 피를 흘린 예수처럼 그 모든 고통을 감내할 준비가 되어 있었다.

"무슨 일로 오셨는지요?"

그라몽 신부는 조선의 젊은이를 반갑게 맞았다.

"신부님께 세례를 받고 싶습니다."

그라몽 신부는 깜짝 놀랐다. 신부는 전에도 자신을 찾아온 조선의 사신들을 만난 적이 있었다. 그러나 그들이 찾아온 것은《천주실의》와 《칠극》에 대해 궁금한 것을 물어보고 토론을 하기 위해서였다. 그들은 천주교를 서양의 종교 철학으로만 여길 뿐 종교로 받아들이지 않아 신부를 안타깝게 했다. 조선에는 아직 선교사들이 들어오지 않아서 천주교의 불모지나 다름없었다.

이승훈은 그라몽 신부에게 교리를 배웠고 이듬해 2월에 세례를 받았다. 이승훈의 세례명은 베드로였다.

"베드로는 반석이라는 뜻입니다. 부디 조선 천주교의 주춧돌이 되십시오."

세례를 받은 후 이승훈은 천주교 교리 서적과 성상, 서양의 과학 서적 등을 갖고 조선으로 돌아왔다. 그는 선교사가 파견되기 전에 스스로 세례를 받은 최초의 인물이 되었다. 그러나 천주교 신앙에 첫 문을 연 그의 행적은 노론에게 정치적으로 이용되면서 남인을 시련으로 몰아넣는 실마리를 제공하게 되었다.

배에서 이벽의 설교를 듣다

1784년 4월, 배 위에 앉아 있던 정약용은 쓸쓸한 생각에 잠겼다. 물길을 따라 내려오던 배가 두미협을 지나고 있었다. 맏형수의 제사에 참석하고 돌아오는 길이었다.

"형수님은 저에게 어머니와 같은 분입니다. 일찍 어머니를 여의고 돌봐 줄 사람 없는 저희 형제들을 살뜰히 보살펴 주셨습니다.

어릴 때 저는 씻기를 싫어해서 늘 더럽고 이와 서캐가 많고 피부병이 자주 났었는데, 형수님께서 세숫대야를 들고 다니며 씻겨 주곤 하셨지요. 다정하고 고우신 분이 이렇게 일찍 가시다니, 산다는 것이 참으로 허망하게 느껴집니다."

생전의 형수를 떠올리며 정약용이 말했다. 책을 읽는 큰형 옆에서 어린 정약용을 무릎에 뉘어 놓고 서캐를 잡아 주던 모습과 아버지가 연천 현감으로 계실 때 어머니와 장을 달이고 술을 빚는 틈틈이 주사위 놀이를 하던 모습이 엊그제의 일처럼 선연하게 떠올랐다.

"살아 있는 모든 것들은 언젠가는 죽어야 하는 것이 생의 이치지. 그러나 죽음이 끝은 아니네. 허망한 것은 삶일 뿐 죽음 이후가 아닐세."

맏형수의 남동생 이벽이 말했다.

"죽음 이후라니요?"

"죽음 후에 진정한 세상이 온다는 말일세. 삶과 죽음을 관장하고 이 세상을 만든 분이 계시네. 죽음은 육신의 끝일 뿐 영혼은 살아서 천주님의 세상으로 가는 것이지. 어떤 사람들은 천주교를 귀신의 이야기라 하여 헛되다고 하나 진실로 헛된 것은 현세만을 생각하는 유교가 아니겠는가."

의아해하는 정약용 형제에게 이벽은 천주교에 대해서 말했다.

천주학에 대해서는 정약용도 어느 정도는 들어서 알고 있었다. 그러나 그것은 서양의 과학 기술과 세계관에 대한 것이라고만 알고 있었을 뿐, 천주님과 세상 만물이 생겨난 이치에 대한 것은 아니었다. 이벽의 말을 듣는 동안 정약용은 새로운 세계가 열리는 듯 가슴이 울렁거렸다.

"참으로 오묘한 말씀입니다."

"자네들은 이승훈이 중국에서 돌아온 후 아직 못 만난 모양이군."

"예. 그렇지 않아도 곧 찾아뵐 생각이었습니다."

"돌아가는 대로 책 몇 권을 줄 테니 읽어 보게. 사실 자네 매형과 나는 이미 천주님을 믿고 있었네."

천주교와 관련된 책들은 새로운 사상을 받아들이고자 하는 남인들을 중심으로 상당 부분 퍼져 있었다. 당시의 책들은 예수회 선교사들이 한문으로 번역하여 중국에 소개한 것으로, 천주교 교리를 유교 문화와 조화시켜 해석한 것이어서 조선의 지식인들도 거부감 없이 쉽게 받아들일 수 있는 내용이었다. 남인들이 처음부터 천주학을 종교로 받아들인 것은 아니었다. 초기에는 서양의 선진 문물을 소개하는 책이라 하여 서학이라고 불렀으며, 정조가 신하들과 이에 대해 토론할 정도로 금기시하지도 않았다. 이익은 《성호사설》에서 《칠극》을 자기의 사욕을 극복하는 이론으로 보고, 신앙적 요소를 제거한다면 유교의 한 유파로도 인정할 수 있다고 밝힌 바 있었다. 천주교 신앙을 기반으로 한 유교의 새로운 해석은 고루한 주자학에 회의를 느끼고 있던 젊은 지식인들 사이에 신선한 충격을 주었다. 이들은 천주교를 서양의 과학 지식을 습득하고자 하는 의도로 접근하여 점차 신앙으로 받아들이게 되었다.

정약용은 곧 이벽의 집에 따라가 《천주실의》 등 천주교 교리 서적을 가져왔으나 과거 공부에 몰두하느라 한동안 멀리하다가 이후 책을 읽으면서 천주교라는 종교에 관심을 갖기 시작했다.

정약용은 성균관 근처에 있는 이기경의 후원 정자에서 함께 공부를 하고 있었다. 이기경은 정약용과 친분이 두터웠던 성균관 유생이었다.

"자네 매형은 중국에서 돌아왔는가? 떠나기 전에 서양 서적을 구입할 계획이라고 했는데, 어떤 책을 가져왔는지 궁금하군."

그러나 이기경은 이미 이승훈이 가져온 책들의 목록을 짐작하고 있었다. 베이징으로 떠나기 전에 이승훈이 서적을 구입할 자금을 부담할 의향이 있는지를 물어보았던 것이다. 어떤 책을 구입할 예정이냐고 묻자 이승훈은 거리낌 없이 천주학에 관련된 책이라고 대답했다. 이기경은 적절한 핑계를 대서 이승훈의 제안을 거절했다. 많은 책들 중에서 하필 천주학과 관계된 책을 구입하려는 것이 마음에 들지 않았기 때문이다. 이기경은 천주학에 대해서 잘 알지 못했지만, 마음 한편으로 천주학을 배척하고 있었다.

"천주교 관련 서적과 성상을 가져왔다네."

"자네는 그 책들을 읽어 봤나?"

"신묘한 말씀으로 가득한 책이라네. 관심이 있다면 몇 권 빌려 주겠네."

정약용은 이기경에게 《천주실의》와 《성세추요》 등의 책을 빌려 주었다. 이기경은 정약용을 만날 때마다 틈틈이 천주교에 대해서 물어보고 함께 토론하기도 했다. 정약용은 서서히 천주교의 교리에 빠져 들고 있었으나 이기경은 사후 세계나 천주라는 유일신의 존재 등을 허황되게 여겼다. 이것이 후에 큰 화란을 불러올 시초라는 것을 정약용은 까마득히 몰랐다. 후에 이기경은 천주교에 반대하는 공서파에 가담하면서 평생 동안 정약용을 괴롭히는 악연이 되었다.

주어사 강학회와 을사추조사건

1779년 겨울, 권철신은 자신의 집 가까운 곳에 있는 천진암과 주어사에서 강학회를 열었다. 강학회에 참석한 사람들은 김원성, 권상학, 정약전 등 권철신의 제자들을 중심으로 한 인물들로 서양 학문에 개방적인 신서파였다. 아침 일찍부터 늦은 밤까지 이들은 유교 경전을 중심으로 강의하고 토론하며 강행군을 했다. 그러나 이 모임의 구성원들은 이미 천주교에 마음을 열어 둔 상태였으므로 강의 시간 외에는 이벽을 중심으로 천주교에 대해 활발하게 토의를 진행하기도 했다.

이승훈이 중국에 가서 세례를 받고 온 이후로 천주교는 점차 교세를 확장해 갔다. 그해 겨울에 이벽, 정약용, 정약전, 권일신, 이존창, 홍락민 등과 역관인 최창현, 김범우가 이승훈에게 세례를 받았다. 이들은 곧 신앙 집회를 열기 시작했다.

1785년 봄, 형조의 금리들은 명례방(한양 명동)을 지나다가 우연히 수상한 집을 발견했다. 중인 김범우의 집이었는데, 많은 사람들이 모여들었고, 들어간 사람들은 한동안 나오지 않았으며 안에서는 여러 사람이 웅성거리는 소리가 났다. 나라에서 금하는 노름을 하고 있을 거라고 생각한 금리들은 불시에 들이닥쳤다. 그러나 금리들은 이상한 광경에 깜짝 놀랐다. 집 안에서는 천주교 의식이 거행되고 있었다. 이벽이 앞에 앉아 설교를 하고, 이승훈, 정약용, 정약전, 권일신 등이 그 앞에 앉아 경청하고 있었다. 금리들은 현장에서 천주교 서적과 성상들을 압수해 갔다. 이것이 신앙 집회가 국가에 의해 처음으로 적발된 '을사추조 적발사건'이다.

형조에서는 이 사건을 크게 확대하지 않았다. 나라에서 법으로 금한 일을 한 것도 아니고, 피해자가 있는 것도 아니었으며 다수의 양반 자제들이 포함되어 있었기 때문이다. 형조 판서는 집주인인 중인 김범우만을 가두고 나머지 양반들을 석방시켰다. 권일신 등은 석방된 것으로 만족하지 않고 형조로 찾아가 예수의 성상을 돌려달라고 호소했다. 형조에서는 크게 꾸짖은 후 성상을 내주고, 김범우만을 유배 보내는 것으로 사건을 일단락 지었다. 충청도 단양으로 유배 간 김범우는 1년 만에 죽었고, 조선 최초의 순교자가 되었다.

'을사추조 적발사건'이 발생하자 천주교에 대한 유학자들의 비판이 빗발쳤다. 성균관의 유생들은 천주교를 배척하는 글을 돌렸고, 사헌부 장령 유하원은 천주교의 금지를 요구하는 상소를 올렸다.

남인들은 문중 안에서 단속을 했다. 이승훈의 아버지는 이승훈과 친척들을 모두 불러 놓은 자리에서 천주교 서적을 불태웠다. 이 승훈은 아버지의 강력한 질책에 뜻을 굽혀 배교를 선언하고, 천주교를 배척하는 글을 지었다.

"네 이놈! 끝까지 천주학을 버리지 못하겠다는 말이냐!"

종친회에 불려 가 심하게 문책을 받고 온 이벽의 아버지는 이벽에게 배교를 강요했으나 그는 뜻을 굽히지 않았다.

"겉으로 배교를 다짐하는 글을 쓰는 것이 무어 그리 어려운 일이겠습니까. 그러나 저는 마음으로 천주님을 배신할 수 없으니, 마음에 없는 글을 쓸 수는 없습니다."

"이런 불효막심한 놈! 어찌하여 사학에 물들었을꼬."

"아버님 천주교는 사학이 아닙니다."

"조상님을 우상이라고 숭배하지 못하게 하는 것이 어찌 삿되지 않다는 말이냐! 네가 이 자리에서 천주교를 버리지 않으면 아버지를 잃게 될 것이다."

이벽의 아버지는 이벽 앞에서 목을 매어 자결하려고 했다. 정말 죽을 생각으로 목을 맨 것은 아니었고, 아들의 고집을 꺾기 위한 시위 같은 것이었으나 이를 본 이벽은 심한 자책감에 사로잡혔다. 천주와 가족 중 하나를 선택해야만 하는 순간이었으나 그는 둘 중 어느 것도 포기할 수 없었다. 이벽은 극심한 고민에 시달리며 집에서 나오지 않은 채 생활하다가 병을 얻어 그해 6월에 사망했다.

이벽의 죽음으로 천주교 신앙 모임은 위기에 빠졌다. 정약용은 이승훈 등과 함께 천주교 신앙 활동을 부흥하기 위해 노력했다. 정약용은 성균관 주변의 반촌에서 과거시험 공부를 한다는 명목으로 비밀 강습회를 열었다. 우연히 이 모임을 목격한 이기경이 홍낙안에게 이 사실을 알렸다. 이기경과 홍낙안은 남인이었지만, 천주교를 철저히 배격하는 공서파였다. 홍낙안은 이듬해 정월 성균관에서 시행하는 과거시험의 답안에 천주교가 성행하고 있음을 고발했다.

천주교를 금지하지 않으면 큰 난이 일어날 것입니다. 지금 천주교는 스스로 관련 책을 출판하여 배포할 정도로 크게 번져 가고 있습니다. 천주교 서적을 즉시 소각하게 하고, 신앙 활동을 금지하게 해 주십시오.

'정미반사'로 알려진 이 사건은 정조에게까지 알려졌고, 천주교에 개방적인 신서파와 천주교를 철저히 배격하는 공서파로 나뉘어 갈등이 심화되는 계기를 제공하게 되었다.

정조는 천주교에 대해 유연하게 대처했다. 천주교가 성행하는 것은 성리학이 바로 서지 못했기 때문이라고 판단해 천주교를 강압적으로 억압할 필요가 없다고 생각했다.

"성리학이 밝아지면 이런 책들은 없애려 하지 않아도 저절로 없어질 것이다."

　초기 천주교인들은 스스로 주교와 성직자를 선정하는 가성직 체제의 신앙 활동을 하고 있었다. 1790년, 권일신의 제자이며 천주교인이었던 윤유일은 청나라 건륭제의 팔순을 축하하는 사신 일행을 따라 베이징에 갔다. 그들의 관심은 조상 제사에 대한 천주교의 입장이었다. 제사만 허락된다면 큰 무리 없이 신앙 활동을 계속할 수 있기 때문이었다.

　중국의 초기 선교단은 예수회 소속의 선교사들로 천주교 신앙이 유교 문화에 융합할 수 있도록 동양의 전통 사상을 존중하는 입장이었으나, 당시 중국 선교회는 동양의 유교 문화에 대해 강경한 태도를 취하고 있는 프란체스코파였다. 구베아 주교는 윤유일에게 가성직 체제를 불법으로 규정하고, 조상 제사를 금지하는 명령을 내렸다.

　조상 제사에 대한 금지 명령으로 조선의 천주교 활동은 크게 위축된다. 제사를 금지하는 것은 유교를 근간으로 하는 국가의 질서에 정면으로 충돌하는 것이었다. 이로 인해 많은 수의 양반 신자들은 천주교로부터 등을 돌리게 되지만, 유교를 버린 천주교 신자들은 더욱 강한 신앙심으로 굳건히 믿음을 지켜 나갔다. 이러한 천주교 신앙 활동의 변화는 조정에 큰 파란을 불러일으키며, 정조의 시대를 맞아 이제 막 성장해 나가던 남인 세력을 크게 위축시킨 사건의 씨앗이 되었다.

진산사건, 악연으로 돌아선 인연

1791년, 전라도 진산에서 천주교 신자인 윤지충과 권상연이 어머니의 신주를 불태우는 사건이 일어났다. 구베아 주교의 제사 금지령에 따라 1791년 5월에 모친상을 당한 윤지충이 외사촌인 권상연의 도움을 받아 어머니의 제사를 폐하고 신주를 불태워 땅에 묻었다. 이 사실을 안 친척들과 이웃들이 크게 분노했고, 부모도 모르고 임금도 모르는 놈이라 하여 관아에 고발했다. 이 소문은 한양에까지 전해졌다. 윤지충은 정약용의 외종 육촌이었다. 공서파 일당은 이 사건을 정약용 등의 신서파를 공격할 기회로 삼았다. 홍낙안은 진산 군수 신사원에게 사건을 수사하라는 편지를 보내고, 좌의정 채제공에게 이들의 처벌을 요청하는 글을 올렸다.

신사원은 윤지충과 권상연을 체포하려 했으나 이들은 이미 광주와 한산으로 피신한 후였다. 신주가 비어 있는 것을 확인한 신사원이 윤지충의 숙부를 잡아 가두자 이 소식을 들은 윤지충과 권상연은 자수를 했고, 전주 감영에서 문초를 받았다. 이들은 천주교 교리에 따라 신주를 불태워 땅에 묻은 사실을 자백했다. 끝내 믿음을 버리지 않은 이들은 1791년 11월 13일에 처형당했다.

한편, 조정에서는 천주교 서적이 간행되었다는 홍낙안의 주장
때문에 시끄러웠다. 서적이 간행된다는 것은 천주교 활동이 조
직적으로 확산되는 증거가 되므로 사건이 크게 번질 소지가 있
었다. 홍낙안은 이수하와 이기경을 끌어들여 이승훈과 권일신을
공격했다. 이승훈이 중국으로부터 천주교 서적을 들여와 유포시
켰고, 권일신은 천주교 모임의 교주 격인 인물이니 이들을 잡아
문초하면 책의 간행 여부를 알 수 있게 되리라고 주장했다. 그러
나 조사가 진행되는 동안 홍낙안의 말을 뒷받침해 줄 만한 사실
은 밝혀지지 않았다. 참고인으로 나간 이기경은 뜻밖의 진술을

했다.

"책을 본 것만으로 죄가 된다면 이승훈뿐만 아니라 저 역시 죄인입니다. 성균관 유생 중에서 그 책을 보지 않은 이가 없을 정도이니 어찌 이승훈만이 죄가 있다고 할 수 있겠습니까."

이기경은 진술을 하면서 정약용의 이름은 아예 언급조차 하지 않았다. 이기경이 함께 공부한 친분을 생각해서 정약용과 이승훈을 두둔한 것이었다.

이 소식을 들은 정약용은 생각보다 일이 쉽게 풀릴 것이라고 예상했다.

"사실대로 말하는 것이 좋을 듯합니다. 서학 책을 본 일은 있으나 이제는 관계를 끊었다고 고백하면 사건이 크게 번지지 않을 것입니다."

정약용은 문초에 들어가기 전에 이승훈에게 조언했다. 그러나 이승훈은 자신에게 씌워진 모든 혐의를 부정했고, 생각이 음험하고 말이 허황하다며 홍낙안뿐만 아니라 이기경까지 비난했다.

의금부에서 혹독한 문초를 받은 권일신은 천주교 서적을 간행했다는 홍낙안의 주장을 반박했지만, 천주교에 대해서는 부정하지 않았다. 권일신이 제주목으로 유배를 가는 것으로 사건은 마무리되었다. 정조의 도움으로 권일신은 사형은 면했으나 이듬해 봄, 유배지에서 세상을 떠났다.

이승훈의 진술을 들은 이기경은 분개했다. 성균관에서 함께 공부한 정을 생각하여 이승훈과 정약용을 두둔하려 했는데도 이승훈이 자신을 싸잡아 비판한 것에 앙심을 품었다. 이기경은 이승훈이 베이징에서 세례까지 받았다고 주장하며 이승훈의 처벌을 촉구했다. 정조는 이미 마무리된 사건을 다시 들추는 이기경에게 크게 분노하여 이기경을 함경도 경원으로 유배 보냈고, 사면되지 않게 사면 대상자 명단에 오르지 못하도록 조치했다. 남인들은 기뻐했다. 남인이면서도 오히려 남인을 공격하는 이기경이 못마땅했던 것이다. 그러나 정약용은 이 결과가 걱정스러웠다.

'우리 당의 화가 여기서 비롯될 것이다.'

정약용은 이번 사건을 계기로 가뜩이나 힘이 없는 남인 세력이 두 분파로 갈라져 서로 공격하게 될 것을 염려했다. 정약용은 이기경이 유배지에 가 있는 동안 그의 집안일을 보살폈고, 승지 이익운에게 부탁하여 이기경의 석방을 도왔다. 그러나 이기경은 끝내 마음을 돌리지 않았고, 정약용과는 평생 원수 사이가 되었다.

새로운 것에 호기심이 많았던 정약용은 서학에 대한 관심으로 시작해 천주교에 입교하여 활발하게 신앙 활동을 하기도 했지만, 진산사건 이후로 천주교에 발을 끊었다. 그러나 셋째 형인 정약종이 끝내 배교하지 않고 순교했으며, 정약용과 가까운 인물들이 천주교 신자였으므로 천주교에 대한 혐의로부터 자유로울 수는 없었다. 스물세 살부터 서른 살까지 몸담았던 천주교는 평생을 두고 괴로움을 당하는 근거가 되었다.

수원 화성을 설계한 젊은 관리

배다리 설계와 열흘간의 유배

1789년 1월, 스물여덟 살에 대과에 급제한 정약용은 희릉의 직장직을 맡으면서 벼슬길에 올랐다. 중종 계비 장경왕후의 능을 관리하는 한가한 직책이었다. 말단의 관직이었으나 아버지 정재원이 일전에 희릉 참봉을 맡은 적이 있으므로 정약용은 아버지의 뒤를 따르는 의미 있는 벼슬로 여겼다. 정약용은 벼슬에 큰 욕심을 내지 않고 학문을 연마할 계획을 펼치고 있었다.

정약용을 큰 재목으로 쓸 계획을 품고 정약용이 대과에 급제하기만을 바라고 있었던 정조는 초계문신들에게 희정당에서 《대학》

을 강의하게 하고, 정약용에게 이를 기록한 책《희정당대학강의》를 만들도록 했다. 정약용은 한가한 직책에 머물면서 틈틈이 학문을 쌓으라는 정조의 뜻을 받들어《희정당대학강의》를 정리하는 일에 성심을 다했다. 이는 정약용이 규장각에서 일하게 되는 발판이 되었다. 정조는 곧바로 그를 초계문신으로 발탁하여 규장각에서 공부하게 했다. 5월에 비교적 낮은 직급이었던 부사정의 무관직으로 옮겼다가 6월에는 승정원에서 기록을 담당하는 주서를 보필하는 직책을 맡았다. 승정원은 왕의 명령과 기록을 관리하는 부서로 임금을 늘 가까운 거리에서 모시는 관청이었으므로 많은 관리들이 희망하는 곳이었다.

그해 가을, 정조는 정약용에게 중대한 임무를 맡겼다. 정조는 사도세자의 무덤을 양주 배봉산에서 수원 화산의 현륭원으로 옮겼다. 배봉산에 있던 사도세자의 무덤은 제대로 돌보지 않아 초라했다. 사도세자가 죽고 급히 시신을 수습하여 장례를 지내느라 묫자리도 제대로 쓰지 않았다. 이장을 하려고 무덤을 파헤치고 보니 무덤 안에 물이 흥건히 고여 있었다. 정조는 물에 잠겨 채 썩지 못한 사도세자의 시신을 보며 통곡했다. 썩지 않은 것은 시신뿐만이 아니었다. 아비를 억울하게 죽게 한 자들에 대한 원한 또한 썩지 않은 채 정조의 가슴 깊이 박혀 있었다. 정조는 수원 화성의 좋은 자리에 사도세자의 묘를 옮기고 왕릉에 비견할 만큼 격식을 갖추어

놓기로 했다.

"마마, 선친의 묘를 옮기는 일을 다시 고려하여 주십시오."

사도세자의 묘를 옮기는 것은 노론 세력에게는 달갑지 않은 일이었다. 사도세자의 지위가 추숭되면 사도세자를 죽음으로 몰아넣었던 자신들이 역적이 될 게 불 보듯 뻔했기 때문이다. 그리하여 노론은 묘의 이장과 관련된 문제에서 사사건건 트집을 잡았다.

"경들은 어찌하여 이미 결정된 일에 반대를 하는가."

"이장을 위해서는 임금님이 행차를 하셔야 합니다. 임금님의 행차에는 많은 사람들이 함께 움직여야 하는데, 그때마다 배를 이용하는 것은 위험하고 번거로운 일입니다."

"그러면 배를 이용하지 않으면 될 것 아니겠느냐."

"배를 이용하지 않고 어떻게 한강을 건널 수 있겠습니까?"

"배다리를 설치할 것이다."

배다리는 다리를 놓기 어려운 곳에 배를 나란히 놓고 그 위에 널판을 놓아 만드는 임시 다리였다. 예상하지 못했던 일에 신하들은 술렁거렸다.

"배다리는 한 번도 설치된 적이 없사옵니다. 만약 실패하게 된다면 위험이 커지옵니다."

"무슨 일이든 처음이 있고서야 발전하는 것이다. 해보지도 않고 실패만을 두려워한다면 무슨 일을 할 수 있겠느냐. 배다리는 이미 중국에서는 자주 사용하고 있는 것이다. 중국의 제도를 참고하여 실시한다면 실패하지 않을 것이다. 게다가 조선에는 정약용이 있지 않은가. 정약용은 학문에 밝을 뿐 아니라 수리와 토목에도 능하니 배다리의 설계를 훌륭히 해낼 것이다."

정조는 신하들의 반대에도 불구하고 뜻을 굽히지 않았다. 일부 신하들이 배다리 설치를 반대하는 것이 실은 사도세자의 추숭을 못마땅하게 여겼기 때문이라는 것을 정조는 잘 알고 있었다.

배다리를 설치하는 일은 신속하게 진행되었다. 배다리 설치를 담당하는 임시 관청인 주교사를 세웠고, 영의정·좌의정·우의정을 주교사의 최고 관리로 임명했다. 배다리를 만드는 데 240척의 배를 띄웠고, 공사 비용이 1만 냥이 들었으며 1만 명의 병사가 공사 인력으로 동원될 만큼 큰 공사였다.

정약용은 효율적인 규제와 안전한 설계로 배다리를 성공적으로 건설했다. 설계가 워낙에 꼼꼼했으므로 인력과 자원의 낭비를 막을 수 있었고, 신속하고 안전하게 배다리를 설치할 수 있었다. 정조는 인재를 보는 자신의 눈이 정확했음을 배다리 설계로 확인했다. 정약용에 대한 정조의 신임은 이 일을 계기로 더욱 두터워졌다.

스물아홉인 1790년, 정약용은 우의정 채제공의 추천으로 김이교, 윤지눌과 함께 한림의 후보로 뽑혔다. 한림의 후보에 오르면 한림소시를 치를 자격이 주어졌다. 한림소시에서 급제를 하면 예문관에 들어갈 수 있었다. 예문관은 국왕의 문서를 작성하고 관리하는 일을 담당하는 곳이었다. 직위는 높지 않아도 늘 임금의 곁에서 업무를 수행하기 때문에 벼슬아치들이 요직으로 여기는 직책이었다. 반대파 노론은 정약용이 요직에 나가도록 내버려 두지 않았다. 그들은 우선 정약용을 추천한 채제공에게서 공격의 빌미를 잡았다.

"우상 채제공은 사적인 정 때문에 법식을 어겼습니다. 한림의 후보 세 사람 중 두 사람이 남인이니, 공평하지 못한 처사이옵니다."

사헌부의 대간이 임금에게 고했다. 혐의가 사실이든 아니든 대간의 탄핵을 받으면 물러나는 것이 관례였기 때문에 정약용과 다른 후보들은 시험을 거부했다.

"대간의 탄핵 때문에 임금의 명령을 어긴다는 말인가. 이는 절대 용납할 수 없으니 세 사람은 반드시 입궐해 시험을 보도록 하라."

정조의 입장이 강경했으므로 세 사람 모두 시험을 볼 수밖에 없었다. 정조는 정약용과 김이교를 뽑았다. 집으로 돌아간 정약용은 상소문을 올려 사퇴했다. 정조가 거듭 불러들였지만 그는 끝내 나가지 않았다. 탄핵을 무릅쓰고 관직을 탐한다는 비난을 받고 싶지 않았기 때문이다. 그만큼 그는 결백한 성품을 지니고 있었다.

정조가 염두에 둔 정약용의 직책은 예문관 정도에서 그치는 것이 아니었다. 정약용의 앞길은 수만 리였다. 정조는 자신이 아끼는 이 현명한 관리를 재상으로까지 쓰고 싶었다. 그러나 시작부터 일이 순조롭지 않으니, 앞으로의 일은 더욱 어려울 것이었다. 정조의 뜻대로 정약용을 쓰기 위해서는 정조의 비호만으로는 부족했다. 정약용에게도 노론에 맞서는 강단이 있어야 했다.

정조는 일단 임금의 명을 어긴 벌로 정약용을 해미로 유배시켰다. 반대파의 비판에 대해 명분을 얻으려 보낸 것이었다. 정약용이 해미에서 보낸 시간은 열흘이었다. 그동안 정약용은 주변의 풍광을 둘러보고, 태안 군수 유희와 함께 멀리 바다가 보이는 개심사에 올라 봄날의 정취에 젖는 등 여행하는 기분으로 한가롭게 유배 생활을 즐겼다.

해미에서 돌아오는 길에 정약용은 피부병을 고치기 위해 온양의 온천에 들렀다. 그는 어릴 때부터 피부염을 자주 앓았다. 뜨거운 욕탕에 앉아 눈을 감고 있던 정약용은 문득 나른해지는 정신을 수습했다. 그곳은 생전에 사도세자가 피부병 치료를 위해 왔던 곳이었다.

"이보시게, 이 욕탕에서 일한 지 얼마나 되었는가?"

욕탕의 허드렛일을 맡아 하는 노인에게 물었다.

"어릴 때부터 줄곧 해 왔으니 족히 50년은 넘었을 겁니다."

"사도세자께서 이곳에 오신 일이 있다고 들었는데, 혹 그때의 일을 기억하는가?"

"그때를 어찌 잊겠습니까. 제 평생에 모신 가장 큰분인데요. 참으로 어질고 늠름한 분이었습니다."

"어질고 늠름한 분이라니, 그 말이 사실인가?"

"소인이 무엇 때문에 거짓을 고하겠습니까. 한번은 이런 일이 있었습니다. 세자 전하를 호위하는 말이 그만 수박밭으로 들어가 밭을 온통 쑥대밭으로 만들어 놓았지요. 저희들은 그저 발만 동동 굴렀습니다. 앉은자리에서 꼼짝없이 한 해 농사를 망쳤으니까요. 세자 전하를 호위하는 말이 한 짓이니 어찌 감히 보상해 달라고 할 수 있었겠습니까. 헌데, 세자 전하께서는 절대 백성에게 피해가 가서는 안 된다고 말씀하시면서 외려 후하게 보상까지 해 주시고 상하지 않은 수박을 골라 군사들에게 먹이셨습니다. 백성은 피해를 보상받아 좋고 군사들은 타는 갈증을 풀 수 있었으니 그만한 현군이 또 어디 있겠습니까."

사도세자가 온양에 행차한 것은 1760년 7월 22일, 억울한 죽임을 당하기 2년 전의 일이었다. 그때는 이미 정신병을 앓고 있다는 소문이 퍼질 무렵이었다. 정신병을 앓고 있는 폭군이 백성에게 그와 같은 선정을 베풀 리 없었다. 사도세자가 정신병을 앓았다는 것은 거짓 소문이었을 것이다. 노인이 들려준 이야기는 이미 오래전부터 세자를 폐위시키기 위한 음모가 진행되고 있었다는 정약용의 확신을 더욱 굳혀 주었다.

사도세자는 활을 쏘았던 자리를 기념하여 친히 홰나무를 심고, 단을 쌓았다. 정약용이 단을 쌓은 곳에 가 보니 나무 주위에는 잡풀이 무성했고, 단은 무너진 채 방치되어 있었다.

"세자께서 친히 나무를 심으시고 단을 쌓으신 것인데, 어찌 이리 방치해 두었단 말이냐!"

정약용은 군수에게 단을 다시 쌓게 조치하고 한양으로 올라왔다. 정조는 관찰사와 수령으로부터 이 사실을 보고받고 크게 기뻐하며 사도세자의 사적을 기록한 비석을 세우게 했다. 정조는 아버지의 비참한 죽음을 늘 가슴 아파했다. 어린 나이에 아비의 죽음을 직접 목격해야 했으니, 그 슬픔과 원한이 뼛속 깊이 사무쳤을 것이다. 정조는 늦게나마 사도세자의 사적을 복원하면서 위안을 받았다.

"잘했다. 충성심이 가상하니, 과인의 마음이 흡족하구나."

이 말은 노론들의 가슴을 서늘하게 했다. 사도세자의 유적을 보수한 일이 충성이라면 사도세자를 죽인 자신들은 역적이 되는 셈이었다. 이들은 정조가 친아버지인 사도세자의 일에 마음을 쓰는 것이 거슬렸다. 정조가 언제 과거의 일을 들추어 잘잘못을 가릴지 알 수 없는 일이었다. 그토록 자신들이 꺼리는 사도세자의 일을 눈엣가시처럼 여기는 정약용이 했다는 사실이 그들의 눈에는 예사롭게 보이지 않았을 것이다.

학문을 연마하는 초계문신이 되어

유배에서 돌아온 정약용은 5월에 한림이 되고, 7월에는 사간원 정언이 되었다가 9월에 사헌부 지평이 되었다. 왕에게 간언을 하고 관리를 감찰하는 업무를 담당하는 중요한 직책이었다.

학문에 조예가 깊은 정조는 규장각에 새로운 제도를 신설했다. 규장각 내부에 초계문신 제도를 실시했는데, 젊은 관리를 선발하여 3년 동안 학문을 연마하게 하는 인재 양성 제도였다. 1789년 3월, 정약용은 초계문신으로 뽑혔다. 정약용은 꾸준히 학문을 연마해 갔다. 초계문신은 한 달에 한 번 시험을 봤는데, 정약용은 다섯 번이나 수석을 차지하고 여덟 번을 수석에 버금가는 성적으로 많은 상을 받았다.

어느 날 정약용은 임금 앞에서 《논어》를 강의하게 되었다. 궁내에서 숙직을 하며 다음 날 강의할 내용을 공부하고 있는데 궁중의 아전이 정약용을 찾아왔다. 아전은 정약용에게 종이 한 장을 내밀었다. 종이에는 다음 날 강의할 《논어》의 한 장이 적혀 있었다.

"이것이 무언가?"

"상감께서 전하라고 하셨습니다. 내일 강의해야 할 장이니 이 장을 철저하게 익혀 두라고 하셨습니다."

"강의할 장을 미리 알려 주는 법도 있는가?"

강의는 관리들의 학문을 넓히기 위해 실시하는 것이므로, 강의할 책만 미리 선정한 후 그날그날에 따라 주제를 정해 토론하게 되어 있었다.

"규칙에는 어긋나는 일이나 임금님의 명령이니 걱정하지 않으셔도 됩니다."

"무슨 연유로 미리 알려 주시는지는 모르겠네만, 나는 《논어》 전체를 읽을 것이니 그리 알게."

성품이 결벽하고 성실한 정약용은 《논어》 전체를 공부했다. 다음 날 강연에 나가 보니 정약용이 강의할 장은 아전이 알려 준 장과 다른 부분이었다. 정약용은 전체를 공부했기 때문에 무리 없이 강의할 수 있었다.

"과연 그대는 《논어》 전체를 철저히 공부했구려. 훌륭한 강의였소."

학문을 연마하는 정약용의 자세를 시험하려던 정조는 그의 성실한 태도에 흡족해했고, 정약용에 대한 정조의 신임은 더욱 두터워졌다. 정조가 원했던 인재는 단지 노론에 맞서는 남인이 아니었다. 정조는 자신을 닦는 일에 힘쓰고, 학문적 소양을 갖춘 청렴하고 성실한 인재를 필요로 했고, 정약용은 정조의 뜻에 꼭 맞는 인재였다.

1791년 9월에는 궁중의 내원에서 활쏘기 시험이 있었다. 정약용은 하나도 맞추지 못하여 벌로 창덕궁 북쪽에 있는 훈련도감에서 숙직을 서게 되었다. 정조는 《시경》에 관한 문제 800여 조목을 제시하여 답변을 작성하게 했다. 정약용은 경전과 역사서 등을 참고하여 60일 동안 《시경강의》를 작성했다. 답변을 본 정조는 매우 기뻐하며 친필로 책 끝에 이런 글을 남겼다.

'여러 책을 널리 인용하여 출처가 무궁하니 평소에 지식이 해박하지 않았다면 어찌 이만할 수 있겠는가.'

초계문신으로 있는 동안 정약용은 착실히 학문을 연마해 갔다. 열두 살 연상의 정조는 대신들조차도 따라오는 이가 없을 정도로 학문에 조예가 깊었기에 학문의 방향을 잡아 주며 정약용을 직접 지도했다. 정조와 정약용은 군신의 관계이면서 사제의 관계였고, 마음을 터놓고 지낼 수 있는 훌륭한 벗이었다.

이듬해 3월에 정약용은 홍문관 수찬에 임명되었다. 홍문관은 궁중의 책을 관리하는 곳이었는데, 구슬처럼 귀한 자리라 하여 옥당이라고도 불렀다. 높은 직책에 오르는 지름길이었으며 임금의 자문에도 응하는 지위였으므로 관리들이 가장 영예롭게 여기는 직책이었다. 정조가 정약용을 초계문신으로 두고 자신이 직접 경전을 가르쳤던 것은 홍문관에 등용시켜 후일 큰 재목으로 쓸 계획을 했기 때문이다. 그러나 홍문관에 들어가는 일 역시 순조롭지만은 않았다.

"정약용은 홍문관에 들어갈 자격이 없는 자입니다. 천주학에 연루되어 삿된 것을 탐구한 자이니 등용을 고려하시지 않으신다면 후에 큰 사단이 날 수도 있습니다."

정약용의 앞길을 사사건건 가로막았던 반대파들은 그가 천주교에 빠졌다는 명분을 내세워 그의 벼슬길을 막으려 했다.

"정약용의 가문은 8대에 걸쳐 옥당(홍문관)에 들었던 명문가인데, 경들은 어찌 그가 옥당에 들어갈 자격이 없다고 하는가! 임금이 결정한 일이다. 이 문제를 다시 거론하는 자가 있다면 용서치 않을 것이니 그리 알라!"

정조는 정약용의 가장 든든한 바람막이였다. 정조의 강력한 비호 아래 정약용은 마침내 옥당에 오를 수 있었다. 홍문관에 들어가는 것은 정약용 개인에게도 영예로운 일이지만, 가문을 빛내는 훌륭한 일이기도 했다.

수찬에 오른 지 얼마 되지 않아, 정약용은 진주 목사로 있는 아버지가 위독하다는 소식을 들었다. 그는 형들과 함께 급히 진주로 내려갔지만 전라도 운봉현에 이르렀을 무렵 아버지가 타계했다는 소식을 들었다.

"아버님!"

정약용은 울면서 아버지의 시신이 있는 방으로 뛰어 들어갔다.

"어찌 지금에서야 왔소. 아버님께서 그토록 찾으셨는데."

계모 김씨가 슬픔에 잠긴 채 정약용 형제를 맞았다.

"임종을 보지 못한 불효를 용서해 주십시오."

정약용은 슬픔에 잠겼다. 피와 살을 나누어 준 아버지는 정약용에게 큰 스승이었다. 어릴 때는 글을 가르쳐 주고 사서와 경서를 읽게 하여 학문의 기초를 닦아 주었으며, 관직에 나아가서는 청렴한 목민관의 자세를 몸소 보여 주어 후일 《목민심서》를 쓰는 데 큰 도움을 주신 분이었다.

정약용은 관직에서 물러났다. 부모님이 돌아가시면 3년 상을 마칠 때까지 무덤 주변에 초막을 짓고 아침저녁으로 제사를 지내며 곡을 해야 했다. 그는 형들과 함께 장례를 치르고, 고향 마재로 돌아와 시묘살이에 들어갔다.

수원 화성을 설계하다

"정약용은 잘 지내고 있던가? 겨울이라 추위가 심한데 혹 몸이 상하지는 않았던가?"

정조는 정약용과 가까운 신하들을 만날 때마다 정약용의 안부를 물었다. 사도세자의 문제를 둘러싼 노론과 남인의 대립으로 조정은 편할 날이 없었다. 노론은 사도세자의 지위를 높이는 수원 화성 건설에 대해 사사건건 시비를 걸어 반대했다. 정조는 그럴수록 정약용이 그리웠다.

정약용은 형들과 함께 돌아가신 아버지를 기리며 초막을 지키고 있었다.

"나리, 계십니까?"

궁중에서 나온 사람이었다.

"상감께서 수원 화성의 설계를 지어 올리라 하셨습니다."

"나는 상중에 있어 나랏일을 할 수 없는 처지라네."

"그러하시기에 상감께서 설계만을 지시하신 것입니다. 설계는 초막을 지키면서도 할 수 있는 일이니까요."

정약용의 눈에는 눈물이 어렸다. 희릉의 한직에 있을 때에는 《대학강의》를 쓰게 하여 규장각에 나갈 발판을 마련해 주었고, 배다리를 건설할 때에도 설계를 믿고 맡겼으며, 초계문신으로 있는 동안 친히 학문을 연마하게 하신 분이었다. 시묘를 살고 있는 지금, 초막을 지키면서 할 수 있는 화성의 설계를 맡기시니 정약용이 효도를 저버리지 않으면서도 중대한 임무를 수행할 수 있게 한 것이었다. 수원 화성이 정조에게 어떤 의미인지 잘 알기에 정약용은 더욱 눈물겨웠다.

정약용은 중국의 윤경이 지은 《보약》과 유성룡의 《성설》을 참고해서 축성제도인 〈성설〉을 집필해 임금께 바쳤다. 〈성설〉에서 그는 성을 건축하기 위한 기본과제를 8조목으로 나누어 분석했다. 우리나라 사람들이 벽돌 굽는 데 익숙하지 않으며, 흙과 석회를 이용한 토성은 기온과 비에 쉽게 허물어지는 문제가 있으므로 돌로 성을 만들어야 한다고 주장했다. 큰 돌을 기초에 쓰면 비용이 많이 들게 되므로 수원 근처 개울의 자갈돌을 날라다 기초를 다질 것을 제안했다. 성벽을 쌓는 돌은 석공을 시켜 적절한 크기로 다듬은 후에 운반하면 노력을 절약하게 될 것이라는 점을 언급하고 다듬은 돌을 실어 나르는 방법까지 자세하게 기록했다. 그는 또한 돌을 나르는 수레인 유형거라는 수레의 제작법을 제시하기도 했다. 그는 성벽이 쉽게 무너지는 원인이 성벽이 불룩한 데에 있다며 성벽 쌓는 법을 3단계로 나누었다. 아래쪽은 한 층마다 안으로 들여쌓아 올리고, 위쪽은 조금씩 밖으로 쌓아 올리면 성벽이 견고할 것이라고 주장했다. 수리적 계산에 입각한 합리적 건축 방법은 실학자로서의 그의 면모가 잘 드러나는 부분이다. 그는 또한 백성을 노임을 주고 고용할 것을 제안했다. 나라의 공사에 강제로 동원되어 신음하던 백성을 돈을 주고 고용함으로써 백성의 원성을 가라앉힐 수 있을 뿐만 아니라 가난한 백성의 삶을 향상시킬 수 있다는 주장이었다. 이는 당시에 지배 계층이 백성을 강제 부역시키는 것을 당연하게 여겼던 것을 생각하면 획기적인 제안이었다.

〈성설〉을 본 정조는 대단히 만족하여 옹성·포루·누조 등의 새로운 제도와 무거운 것을 들어 올리는 기중의 이론을 마련하도록 명을 내렸고, 궁중의 비서인《도서집성》과《기기도설》을 보내 참고하도록 했다. 정약용은 이 책을 참고하여 도르래의 원리와 서양 물

리학을 이용하여 무거운 것을 들어 올리는 '거중기'를 만들었다. 거중기를 화성 축조에 활용한 덕분에 공사 비용을 줄이고 기간 또한 단축할 수 있었다.

"정약용 덕분에 4만 냥의 비용을 절약했구나."

화성 축성이 끝난 후 정조는 정약용의 설계를 높이 칭찬하며 기뻐했다. 비용을 절약하여 국고의 손실을 막고 결과적으로 백성의 부담을 줄인 것도 의미 깊은 일이지만, 정약용의 설계에는 또 다른 의미가 있다. 화성 건설은 정약용의 실학자의 면모가 십분 드러나는 일이다. 대부분의 실학자들은 학문이나 사상으로 그쳤을 뿐 정약용처럼 자신의 이론을 실제에 적용하는 일이 드물었다. 이는 중국과 서양의 기술을 활용하여 새로운 기술을 우리 현실에 맞게 실용화한 것이며, 우리의 과학 기술을 새로운 차원으로 끌어올리는 계기를 마련했다.

수원 화성을 지은 이유

정조에게는 화성 건설이 중요한 의미가 있는 일이었다. 정조는 즉위 후 사도세자를 위해 몇 가지 일을 계획했다. 우선 시호를 사도세자에서 장헌세자로 고쳐서 올렸다. 또 능을 수원 화성으로 옮겨 현륭원이라는 이름을 붙이고, 한강을 건너 현륭원으로 참배 행차를 나섰다. 거기서 한 발 더 나아간 것이 화성 건설이었다.

정조는 세자(뒷날 순조)가 열다섯 살이 되는 1804년에 왕위를 세자에게 물려주고 자신은 어머니 혜경궁 홍씨를 모시고 화성에 머물 예정이었다. 소위 '갑자년 구상'이라 일컫는 계획이었다. 갑자년은 세자가 성년이 되는 해이면서, 아버지인 사도세자와 어머니 혜경궁 홍씨가 칠순이 되는 해였다. 하지만 정조 자신의 나이는 쉰셋으로 왕위에서 물러나기에는 이른 나이였다. 그러나 정조에게는 가슴에 은밀히 품고 있는 큰 뜻이 있었는데 바로 수원을 새로운 도성으로 사용한다는 계획이었다. 조선의 수도를 수원으로 천도하는 것이다.

영조는 사도세자가 죽은 후에 세손(뒷날 정조)을 혜경궁 홍씨와 함께 홍씨의 친정으로 보내고, 죽은 효장세자의 양아들로 입적시켰다. 세손의 목숨을 보전하기 위해서였다. 영조의 임종이 가까워지자 노론은 사도세자의 자손이 살아 있다는 사실에 불안해하며 세손을 제거할 것을 요청했으나 영조는 이를 거절했다. 영조는 그때 이미 노론의 꼬임에 빠져 자신의 손으로 아들을 죽인 일을 후회하고 있었다.

영조는 죽기 전 세손(정조)과 노론의 대신들이 함께한 자리에서 유언을 남겼다.

"차마 들을 수 없고, 차마 제기하지 못하며, 차마 보지 못하고,

차마 말할 수 없다."

영조는 자신이 죽고 난 후에 사도세자의 문제가 피바람을 불러올 것을 걱정했다. 피바람은 꼬리에 꼬리를 물고 더 많은 피를 흘리게 할 것이었다. 세손에게 남긴 유언에는 영조의 이런 마음이 잘 드러난다.

"임오년의 일은 의리상 충분히 옳은 것 같더라도 이는 나를 모함하는 것이다. 앞으로 이 일을 거론하는 자는 왕법으로 준엄히 다스려야 한다."

왕위에 오르더라도 사도세자의 일을 거론하여 보복하는 것을 유언으로 금지한 것이다. 한 사람의 아버지이기 이전에 한 나라를 다스리는 국왕이었으므로, 정조가 사사로이 보복을 하여 당파의 분열이 격해질 것을 염려한 유언이었다.

왕위에 오른 후 정조는 "나는 사도세자의 아들이다"라고 선언했다. 비록 효장세자의 양자로 왕의 자리까지 올랐지만, 친아버지와의 혈연의 끈까지 끊을 수는 없었다. 비록 어린 나이에 겪은 일이었으나 정조는 자신의 아버지 사도세자가 얼마나 억울하게 얼마나 처참하게 죽을 수밖에 없었는지 똑똑히 기억하고 있었다. 이는 정조의 가슴에 깊이 뿌리내려 평생토록 지울 수 없는 원한이 되었다. 그러나 영조가 남긴 유언 때문에 임오년 사건에 연루된 사람들을 직접적으로 처벌할 수는 없었다. 정조는 임금의 자리에 오르지 못하고 죽은 아버지 사도세자를 임금으로 추숭하고 싶었으나, 이 또한 할아버지에 대한 불효였으므로 할 수 없었다. 정조는 사도세자의 추숭 작업을 자신의 아들(뒷날 순조)에게 맡겼다. 영조의 유언은 자신에게 남긴 것이지 영조의 증세손인 자신의 아들에게 남긴 것이 아니었으므로, 이렇게 되면 정조는 영조에게 불효를 하지 않고도 아버지를 추숭할 수 있었다.

화성의 건설은 이렇듯 사도세자의 추숭 작업의 일환이었다. 정조는 1794년부터 10년 계획으로 화성을 건설했다. 정조는 새로운 계획 도시 건설을 차근차근 추진하고 있었다. 새로운 터전에 주민을 이주시켰고, 농업과 상업을 권장하여 새로운 생활 기반을 마련했다. 정조는 시대의 변화를 읽어 냈다. 수공업이 활성화되면서 농업 중심의 경제는 상업 중심으로 이행하고 있었다. 정조는 수공업과 상업을 활성화하기 위해 적극적인 정책을 시행했다. 화성 행궁 바로 앞에 삼남과 용인으로 통하는 십자로를 개척하여 유통로를 확보하고, 수원 상인들에게 1만 5천 냥을 빌려 주어 각종 시전을 열게 했다. 소규모 상인의 상권을 보호하고 거상들이 집권당인 노론과 정치적으로 결탁하는 것을 막기 위해 시전 상인들의 독점권인 금난전권을 폐지했다. 정조의 계획은 농업에서도 진행됐다. 대규모의 저수지를 건설해 농업 용수를 확보했고, 대규모 농장을 만들어 농민들의 삶을 윤택하게 하는 한편, 농장의 수익으로 군비를 확충했다.

　정조는 새로운 도시를 기반으로 노론 세력을 견제하고 왕권을 강화하는 계기로 삼으려 했다. 군사 · 상업 · 농업이 활성화된 새로운 계획 도시에서 노론 세력을 견제하며 왕권 강화의 계기로 삼으려던 화성 건설의 계획은 화성 축성 4년 후 정조의 갑작스런 죽음으로 끝내 이룰 수 없는 꿈이 되었다. 수렴청정을 하던 정순왕후와 노론 세력은 화성 건설을 중단시켰다. 백성이 편안하고 넉넉하게 살 수 있는 조선을 만들려 했던 정조의 꿈은 끝내 이루어지지 못했지만, 우리나라에서 가장 빼어난 성으로 꼽히는 화성은 1997년 유네스코가 지정한 '세계문화유산'이 되어 우리 곁에 남아 있다.

임금의 귀와 눈, 암행어사

적성촌에서

1794년 6월에 정약용은 부친상을 탈상하여 시묘살이를 마치고 7월에 성균관의 관리를 거쳐 10월에 다시 홍문관 수찬이 되어 왕의 자문에 응하는 일을 맡았다. 늦은 밤 정조가 정약용을 성정각으로 은밀히 불렀다.

"올해에 흉년이 들었으니 백성의 일이 참으로 걱정이구나."

"흉년이 들어도 관리들의 수탈은 여전하니 백성의 삶은 날로 어려워지고 있습니다."

"내 그리하여 너를 불렀다. 과인은 궁궐을 지키고 있으니 백성의 삶이 어떠한지 낱낱이 알 수가 없구나. 네가 내 귀가 되고 눈이 되어야 한다."

정조는 마패와 겉을 봉한 봉투 하나를 건넸다. 봉투 위에는 '동대문 밖에 나가 뜯어보라'라고 적혀 있었다. 봉투 안에는 정약용을 암행어사로 임명하는 정조의 글이 담겨 있었다.

수령의 잘못을 조사하고 백성의 고통을 찾아내는 것이 암행어사의 임무다. 지금 한양을 중심으로 천 리 지역에 흉년이 들었다. 국가의 혜택이 아래까지 미치지 못하고 백성의 피해가 상부에 알려지지 않아 고을이 황폐해지니, 마을의 개조차 길들여지지 않고 산이나 물가의 기러기들이 모여든다고 한다. 백성이 간절히 바라는 것은 오직 어사이고, 관리가 두려워하는 것도 어사이며 조정이 좋은 일을 권하고 악을 징벌하는 것도 오직 어사의 말을 믿고 하는 것이다. 때문에 너희를 각 고을에 나누어 임명하는 조치를 내렸으니, 너희는 직책을 신중히 수행하고 관청, 시장, 촌락 사이에 나아가 백성의 형편을 하나하나 조목별로 아뢰어라.

흉년이 들자 정조는 경기도 각 읍에 암행어사 열 명과 관리들의 잘못을 캐어 밝히는 적간 사관 다섯 명을 파견하여 백성의 괴로움을 살피게 했다. 정약용이 맡은 지역은 경기도 북부 지역인 적성 ·

마전·연천·삭녕이었다.

정약용은 첫 임지인 적성촌에 들어섰다. 백성이 사는 모습은 너무도 참혹했다. 정약용은 이 모습을 한 편의 시에 생생하게 담았다.

뚝배기처럼 찌그러진 시냇가의 집

겨울바람에 이엉 걷혀 서까래만 앙상하구나

묵은 재에 눈이 덮인 아궁이는 싸늘하기만 하고

숭숭 뚫린 벽에 별빛이 비쳐 드네

집 안의 물건은 쓸쓸하기 짝이 없어

모조리 다 팔아도 칠팔 전이 안 되겠네

놋수저는 지난번 이정에게 빼앗기고

무쇠 솥은 엊그제 옆집 부자가 앗아 갔지

어깨 팔뚝 드러난 적삼 입은 어린 것들,

바지 버선 한 번도 못 입었으리

큰아이는 다섯 살에 기마병에 등록되고

작은애도 세 살에 군적에 올라 있어

두 아들 세금으로 오백 전을 물고 나니

아들이 어서 죽길 바라는데 옷이 무슨 소용이랴

남편은 산에 나무하러 가고 아내는 품 팔러 나가

대낮에도 문이 닫혀 사는 모습 비참하구나

아침 점심 다 굶다가 저녁에야 밥을 짓네

이웃집 술 익어야 지게미라도 얻어먹지

지난봄에 꾸어 먹은 환곡이 닷 말이라

이 때문에 올해에는 정말 못 살겠네

나졸 놈들 문밖에 들이닥칠까 겁이 날 뿐

관가 가서 맞을 곤장 걱정도 하지 않네

아아! 이런 집이 천지에 가득한데

구중궁궐 깊고 깊어 어찌 모두 살펴볼까

정약용이 본 백성의 삶은 비참했다. 다 쓰러져 가는 집에 쓸 만한 물건들은 이미 관리들이 수탈해 갔다. 봄에 꾼 환곡(봄에 가난한 백성에게 양식을 빌려 주었다가 가을에 받는 곡식)을 갚지 못하고, 추수를 한 지 얼마 안 된 때에도 이렇듯 굶고 있으니 겨울을 나기는 더 힘들 것이다. 끼니조차 굶주리니 옷을 갖춰 입지도 못하고, 아이들을 군적에 올려 세금을 수탈해 가니 부모가 차라리 아이들이 죽기를 바라고 있다. 이보다 더 비참할 수 있을까.

이는 단지 백성을 수탈하는 관리의 문제만은 아니었다. 적성 현감 이세윤을 조사해 보니, 백성을 어루만지고 보살피는 일을 게을리 하지 않았다. 어진 관리 밑에 있는 백성의 삶이 이러했으니 탐관오리들이 다스리는 지역의 참상은 차마 말로 할 수 없을 지경이었다.

'민생'과 '국법'으로 기강을 세워야

연천과 삭녕 지역은 관리들의 폭정으로 더욱 비참했다. 정약용은 이 지역의 문제가 현 관리들의 문제가 아니라 전 관리들의 잘못이라고 판단했다. 정약용은 연천의 전 현감 김양직과 삭녕의 전 군수 강명길의 죄상을 낱낱이 고발했다. 그들은 나라의 돈을 사사로이 사용했고, 백성에게 과중한 세금을 걷어 개인의 살을 찌웠으며, 뇌물을 받고 술까지 마시며 탐관오리 짓을 일삼았다.

가난한 백성은 땅을 팔고 지주의 땅을 경작하는 소작농이나 날품팔이로 전락할 수밖에 없었다. 땅이 있는 농민들도 세금을 바치고 나면 남은 농작물로 살아가는 것이 힘들기는 마찬가지였다.

백성의 삶을 더욱 고달프게 하는 것은 관리들의 수탈이었다. 탐관오리들은 전정과 환곡, 군정에서 특히 가혹한 수탈을 일삼았다. 전정은 토지에 대한 세금인데, 정해진 세금 이상을 걷어 가는 것은 예사였고, 심지어 농사를 짓지 않는 진결이나 새로 개간해서 토지대장에 기록되지 않은 은결에까지 세금을 매겨 거두어 갔다. 환곡은 먹을 것이 없는 보릿고개에 가난한 백성을 구제하기 위해 마련한 제도인데, 이들은 이 제도를 악용해 수탈의 도구로 삼고 있었다. 환곡을 줄 때는 되를 허술하게 주고 받을 때는 수북하게 받았으며, 심지어는 양을 늘리기 위해 곡식에 모래나 겨를 섞어 주기도 했다. 백성은 당장 굶어 죽지 않기 위해서는 환곡을 받아야 했고 후환이 두려워 이의를 제기하지 못했다.

특히 수탈이 극심했던 것은 군역이었다. 성인 남자는 군역의 의무를 졌는데 이를 대신해 내는 세금이 군포였다. 1년에 한 필의 군포가 부과되었으나 양반은 군포에서 면제되었고, 부유한 백성도 관직을 매매하면 군포를 부담하지 않아도 되었으므로 가난한 백성이 지는 부담은 갈수록 무거워졌다. 갓난아이를 군적에 올리는 황구첨정, 죽은 자에게 징수하는 백골징포뿐만 아니라 여자아이를 남자아이로 바꾸어 올리고, 아직 태어나지도 않은 아이를 군적에 올리는가 하면 강아지조차 군적의 대상이 될 정도로 횡포가 횡행

했다. 이를 감당하지 못한 군역자가 도망을 가면 가족과 친척들에게 족징을 씌웠고, 한 가족이 도망을 가면 마을 사람들에게 인징을 씌웠다.

정약용의 강력한 처벌 요구에도 불구하고 탐관오리 김양직과 강명길은 처벌되지 않았다. 김양직은 왕가의 질병을 돌보는 어의 출신이었고, 강명길은 임금 가족의 묏자리를 봐 주는 지사 출신이었다. 이들 모두 왕실과 긴밀한 관계에 있어서 대신들이 처벌을 막아 주었던 것이다. 정약용은 이에 굴하지 않고 다시 상소를 올렸다.

김양직과 강명길, 이 두 사람이 지은 죄는 수령이라는 제도가 생긴 이래로 들어 본 적도 없을 만큼 큰 죄입니다. 무릇 법의 적용은 마땅히 임금과 가까운 곳에서부터 시작해야 합니다. 이 두 사람을 국가의 사법 기관에서 마땅히 처벌하게 해서 민생을 소중히 여기고 국법을 존엄하게 해 주시옵소서.

암행어사로 경기 지역을 돌며 정약용이 목격한 것은 백성의 참혹한 삶의 실상이었다. 그는 비참한 삶을 살아가는 백성을 살려야 하는 소명을 확인했다. 백성이 가혹한 삶을 사는 것은 개인의 가난 때문이 아니었다. 정약용은 관리의 부패와 착취라는 구조적인 병

폐가 문제이며, 이를 과감하게 도려내지 않고서는 결코 문제를 해결할 수 없다고 생각했다. 그가 제시한 해결책은 '민생'과 '국법'이었다. 착취당하는 백성을 보살피고, 국법을 바로 세워야만 나라의 기강이 바로 설 수 있음을 실학자 정약용은 민생의 터전을 돌아보며 몸소 깨달았다.

서용보와의 악연

"그러니까 그놈이 우리 모두를 속여 먹은 게야."

"속이지 않고서야 지세가 나쁘다는 땅을 선친의 묏자리로 쓰려 하겠는가."

정약용은 마전에 있는 향교 앞을 지날 때, 마을 사람들이 모여 수런거리는 소리를 들었다.

"사실 속인 것이 아니라 협박한 걸세. 그놈이 땅에 욕심을 내고 있었다는 걸 진즉에 알고 있지 않았나."

젊은 사람들은 가슴을 쳤고, 나이 든 사람들은 한숨을 쉬었다. 정약용은 말이 오가던 장소가 '향교' 앞이었고 또 '협박'이라는 말이 들렸기 때문에 그냥 지나칠 수가 없었다. 향교는 지방의 교육 기관으로, 나라에서 학전(學田)을 지급하여 관리하는 공공 기관이었다. 누군가의 협박으로 향교의 자리를 옮기게 되었는데도 마을 사람들이 억울함을 호소하지 못한다면 이는 틀림없이 권력과 결탁

한 범죄 행위였기 때문이다.

"지나가는 과객입니다. 듣자하니 이 땅에 무슨 문제가 있는 모양인데, 무슨 일인지 말씀해 주실 수 있겠는지요."

정약용이 조심스럽게 말문을 열었다. 정약용의 허름한 행색을 살펴보던 마을의 젊은이들이 쓸데없는 일에 관여하지 말고 가던 길이나 가라며 투덜댔다. 그러나 나이가 지긋한 한 사람은 마음에 무언가 짚이는 것이 있었는지 젊은이들을 꾸짖어 물리치고 공손한 자세로 그동안의 일을 설명했다.

"우리 마을 마전은 예로부터 풍광이 아름답고 땅의 형세와 기운이 좋기로 유명한 곳이었습니다. 그런데 얼마 전 우리 마을의 한 사람이 향교의 터를 문제 삼았습니다. 향교의 풍수가 좋지 않으니 다른 곳으로 옮기자는 의견을 내놓은 것입니다. 끝까지 반대하는 유생이 있자 그는 자신의 집안을 들먹거렸습니다. 그 사람은 서씨 정승 사람의 일가였습니다. 그 사람의 집안이 입만 뻥긋하면 없는 죄도 만들어 낼 만한 권세가였으니, 하는 수 없이 향교 터를 내어 줄 수밖에 없었습니다. 그러나 막상 향교 터를 서씨 정승 집안에 빼앗기고 그 집안 사람들이 묏자리로 쓰려고 터 닦는 것을 보니 가슴이 답답하고 원통합니다."

정약용이 일의 진상을 알아보니 마을 사람의 말이 맞았다. 정약용은 그 사람을 체포해 처벌하고 그릇된 일을 바로잡았다. 서씨 정승 가문이라는 그 사람은 당시 경기도 관찰사인 서용보의 집안 사람이었다. 이렇게 서용보와 얽힌 인연은 여기서 끝나지 않고 더욱 질긴 악연의 고리를 짓게 되었다.

서용보와의 끈질긴 악연은 길에서 우연히 들은 백성의 한탄에서 비롯되었다.

"괴롭고 괴롭구나, 화성이여! 과천으로도 길이 있는데 왜 하필 금천으로 지나시는지!"

정약용은 깜짝 놀랐다. 무심코 들으면 자신의 괴로움을 토로하는 말 같지만 실은 임금을 욕하는 말이었다.

"이 길이 국왕께서 화성 행차하실 때 다니실 길이라 하더이까?"

"임금님이 행차하실 길이라며 도로를 보수할 세금을 걷고 있으니 이리로 행차하시는 것이 맞겠지요."

정약용이 소상히 알아보니 경기도 관찰사 서용보의 농간이었다. 서용보는 한양에서 화성까지 이어진 강변의 일곱 개 읍에 관청의 곡식을 팔면서 지나치게 비싼 값을 매기고는 금천의 도로를 보수할 비용이라 싸게 팔 수 없다고 했다. 정조는 과천으로 성묘하러 다녔지 금천으로는 다니지 않았다. 서용보가 개인의 욕심을 채우기 위해 임금의 행차를 이용한 것이었다. 아무것도 모르는 백성은 그저 임금을 탓하고 있었다.

정약용은 그냥 넘길 수 없었다. 관리가 공사를 빌미로 사사롭게 이득을 취하며 백성을 수탈하는 것은 크나큰 죄였다. 하물며 화성으로 가는 임금의 행차 길은 억울한 사도세자를 추모하기 위해 가는 임금의 피눈물이 서린 길이었다. 한양으로 돌아온 정약용은 이 사실을 정조에게 고했다.

서용보는 이 일로 정약용에게 앙심을 품었다. 뒷날 영의정까지 오르게 되는 서용보는 평생을 쫓아다니며 한사코 정약용의 앞길을 가로막았다.

끊임없는 비방

깊어가는 정조의 사랑

한양으로 돌아온 정약용은 사도세자의 호칭을 높이기 위한 임시 기구 '경모궁추상존호도감'에서 실무를 담당했다. 사도세자의 회갑을 맞아 그 존호를 올림으로써 위상을 높이는 중요한 일이었다.

사도세자 문제로 신하들이 서로 대립할 때 정조는 영조가 남긴 〈금등의 글〉의 일부를 공개해 대립을 무마시킨 일이 있었다. 금등은 자신의 목숨을 바쳐 다른 사람을 살리려는 뜻을 나타낼 때 사용하는 말이었다.

피 묻은 적삼이여 피 묻은 적삼이여,

동(棟)이여 동이여, 누가 영원토록 금등으로 간수하겠는가

천추에 나의 품으로 돌아오기를 바라고 바라노라

사도세자가 살아 돌아오기만을 바라는 영조의 마음이 담긴 글로, 임금으로서 아들을 죽일 수밖에 없었던 영조가 아버지로서 아들을 사랑하는 마음과 그 일에 대한 후회와 슬픔을 담아 적은 것이었다.

노론은 임금께 지어 올리는 옥책문에서 〈금등의 글〉에 있는 '누가 영원토록 금등으로 간수하겠는가'라는 구절을 빼 버렸다. 자신들의 손으로 제거한 사도세자를 끝내 인정하지 않겠다는 의지를 드러낸 것이었다. 서유신이 지은 옥책문을 부분적으로 수정할 것인지 새로 짓게 할 것인지 논란이 일었다. 정약용은 이 내용이 빠지면 생명력을 잃는 것이니 다시 써야 한다고 주장하여 이 일을 마무리 지었다. 정약용은 사도세자의 존호와 혜경궁 홍씨에게 올리는 글에서도 제기된 여러 문제를 순조롭게 해결했다. 자칫하면 당쟁으로까지 번질 수 있는 민감한 문제였으니, 탁월하고 통쾌한 논리가 아니었다면 해결할 수 없는 일이었다.

그런 정약용에 대해 정조의 신임이 깊어가는 것은 당연한 일이었다. 정조는 1794년 12월에 정약용을 홍문관 부교리로 임명했다

가 이듬해 1월에는 임금에 대한 간언을 맡아보는 사간원 사간으로, 이어서 승정원 동부승지로 임명했다. 승정원은 임금의 명령을 관리하는 곳으로 임금과 가장 가까운 신하가 된 것이다.

어느 날 정조는 병조에서 숙직하던 정약용에게 어려운 시제를 주고 날이 밝을 때까지 100수의 시를 지어 올리라고 했다. 짧은 시간 동안 그 많은 시를 짓는 것은 불가능했다. 정약용은 밤을 새워 지은 시를 임금께 올렸다.

"잘 지었구나. 정약용의 작품은 귀신처럼 빠른 것에서는 시부(詩賦)를 짓는 것보다 빠르고, 표책(表簧)을 짓는 것처럼 법도에 맞으니, 이처럼 진실한 재주를 가진 사람은 보기 드물 것이다."

정조는 이 시를 다른 문신들에게도 보였다.

"구름이 퍼지고 물이 흐르는 것처럼 문장이 활발하고, 옥을 다듬고 비단을 짜 놓은 것처럼 깔끔하고 치밀하니, 이런 사람을 두고 문원의 드문 재주라 할 것입니다."

규장각 제학인 노론의 문장가 심환지조차도 극찬을 아끼지 않았다. 정조와 규장각 제학까지도 칭찬을 하니 다른 신하들도 연이어 정약용의 시를 높이 샀다. 문장가로서 정약용의 명성은 드높아 갔다.

정약용은 문인으로뿐만 아니라 뛰어난 수리적 재능 또한 여지없이 발휘했다. 수원을 비롯한 8개 읍에서 현륭원에 나무를 심은 기록이 방대하여 쉽게 알아볼 수 없자 정조는 이를 간단하게 정리할 것을 명령했다. 정약용은 종이 한 장에 표를 그렸다. 세로로 일곱 칸을 나누어 연도를 표기하고, 가로 줄에는 각 읍을 기록하여 언제 어느 읍에서 몇 그루의 나무를 심었는지 한눈에 알 수 있게 정리했다. 정리를 끝내고 보니 나무가 12,009,722그루였다. 정조는 이를 보고 감탄하여 오래도록 칭찬을 아끼지 않았다.

"경의 실력은 참으로 놀랍구려. 책 한 권 분량이 아니면 자세히 할 수 없을 것이라고 생각했는데, 소 한 마리가 땀을 흘리며 끌어야 할 정도의 분량을 종이 한 장에 간단히 정리해 놓았으니 참으로 잘했소."

정조는 정약용에게 서적의 교정에서부터 글을 지어 올리는 일까지 많은 일을 하게 했다. 정약용은 정조가 시키는 일을 모두 충실히 해냈다.

"남이 한 가지를 할 때 나는 열 가지를 해야 하오. 그래야 다른 사람들이 섣부르게 경을 모함하지 않을 것이오."

정약용에게 그토록 많은 일을 시킨 것은 그에 대한 정조의 신임이 두터웠기도 했지만, 열심히 일을 해야만 다른 사람들이 정약용을 질투하여 섣부르게 모함하거나 비방할 수 없다고 생각했기 때문이다.

그러나 정조가 정약용에게 늘 관대하기만 한 것은 아니었다. 정약용이 지방의 문무과 초시에 합격한 사람들을 대상으로 한양에서 보는 과거시험의 감독관을 한 적이 있었다. 정약용은 1소와 2소 두 군데로 나뉜 시험장에서 1소를 맡아 감독했다. 합격자를 발표하고 보니 남인이 50명이나 되었다. 그러자 정약용이 일부러 남인들을 가려 뽑았다는 소문이 나돌았다.

"경은 어찌하여 당파심에 사로잡혀 일을 그르치는 게요? 앞으로 다시는 시험 감독관을 시키지 아니할 것이니 그리 아시오."

정조는 노여워하며 다른 일을 핑계로 정약용을 열흘간 하옥시켰다. 정약용은 억울했지만 어찌 된 일인지 영문을 알 수 없었다. 정조는 후일 합격한 남인 대부분이 2소에서 나왔고, 정약용이 담당한 1소에는 불과 세 명밖에 없었음을 알고 오해를 풀고 다시 정약용에게 중요한 시험의 채점을 맡겼다.

정조는 대궐에서 열리는 잔치에 정약용을 초대했다. 부용정에서 낚시를 하고 연못에 배를 띄우기도 했다. 세심대에서 신하들과 함께 술을 돌려 마신 후 정조는 손수 시를 짓고 신하들에게 화답시를 짓게 했다.

"경들 중에 글씨가 가장 빠른 사람이 누구인가?"

"정약용이옵니다."

정약용의 글씨는 빠르고도 유려했다. 정약용은 바닥에 종이를 펼치고 시를 옮겨 적었다. 그러나 바닥이 울퉁불퉁하여 글씨를 제대로 쓸 수가 없었다.

"정약용은 이리 가까이 오라."

임금은 자신이 앉아 있는 책상으로 정약용을 불렀다. 정약용은 선뜻 다가가지 못하고 망설였다. 수발을 드는 궁인이 아니면 누구도 그토록 임금과 가까운 자리에 앉을 수 없었다. 임금의 신변을 보호하기 위해서 임금과 어느 정도 떨어져 앉도록 규제했던 것이다. 정약용이 망설이자 정조는 손수 자리를 마련해 가까이 앉기를 재촉했다.

정약용은 정조가 가장 아끼는 신하였다. 정조는 정약용에게만큼은 임금과 신하 사이에 지켜야 할 예법을 접어 둘 정도로 가깝게 지냈다. 두 사람은 때로 어린아이처럼 말장난을 즐기기도 했다. 한번은 한자에서 정(晶)·삼(森)처럼 세 개의 글자가 합쳐져 하나를 이루는 글자를 찾아내는 내기를 했다.

"이번 내기는 소인이 이길 것이옵니다."

정약용이 확신에 찬 어조로 말했다. 정조는 껄껄 웃었다.

"내가 이미 사전의 글자를 모두 외워 알고 있는데, 너는 어찌 그토록 자신하느냐?"

"임금님께서 찾은 글자는 제가 찾은 글자에서 딱 한 자가 부족

할 것입니다."

종이 위에 빼곡하게 한자를 써 내려갔다. 정조는 몇 번이나 다시 확인해 보았다. 적은 것을 비교해 보니 과연 한 글자가 부족했다. 정조가 석 삼(三) 자를 넣지 않은 것이다.

그해 봄, 정조는 채제공을 좌의정으로 삼고, 이가환을 공조 판서로, 정약용을 우부승지로 각각 승진시켰다. 우부승지는 승정원에 소속된 종삼품의 고위 관직이었다. 평소에 신뢰하고 있던 남인 출신의 관리들을 대거 등용시킨 것이다. 조정을 안정시키기 위해서는 노론을 견제해야 했다. 노론은 관직을 독점하여 일당 독재를 꾀하고 있었고 왕권마저도 위협하려고 했다. 당파의 이익에만 골몰하다 보면 백성을 위하는 정치를 등한시하게 마련이었다. 노론을 견제하기 위해서는 그에 맞설 남인 관리들을 포진시켜야 했다. 정조의 계획은 차근차근 진행되었다. 그러나 천주교에서 일어난 뜻밖의 사건이 정조의 계획에 차질을 가져왔다. 사건이 일어나자 노론은 이를 남인을 공격하는 기회로 삼았고 한때 천주교 신도였던 정약용도 예외가 될 수 없었다.

주문모의 입국

1794년 12월, 주문모 신부는 청나라의 국경 변문에서 중인 약사 지황과 윤유일을 만났다. 변문은 상인들로 북적거렸다. 해마다 조선의 사신들이 귀국할 때는 국경 근처에서 장이 서고, 두 나라의 많은 상인이 모여들었다. 국경으로 사람들이 오가는 것을 그리 엄격하게 통제하지 않았으므로 사신 일행을 따르는 것이 가장 안전하게 조선으로 들어올 수 있는 방법이었다.

주문모 신부는 조선에 파견된 두 번째 신부였다. 처음으로 파견된 서양인 레메디오스 신부가 안내하기로 한 조선인들과 길이 엇갈려 입국에 실패하자 구베아 주교는 조선인과 겉모습이 비슷한 중국인 주문모 신부를 파견했다. 주문모 신부는 옷차림과 머리 모양을 조선식으로 바꾸고 압록강을 건넜다. 일행이 한양에 도착한 것은 1795년 초였다.

주문모 신부는 최인길의 집에 머물며 여러 신도에게 세례를 주었고, 아직 조선말이 서툴러 한자로 신도들에게 교리를 가르쳤다. 6월까지는 모든 것이 순조로웠다. 신부의 입국 사실을 알고 많은 사람이 몰려들었다. 교황청이 신도들끼리 신앙 활동을 하는 가성직 체제를 금지한 후, 천주교 신도들은 조선에 신부가 오기를 애타게 기다리고 있었다. 신부는 찾아오는 사람을 경계하지 않고 모두 교인으로 받아들였는데, 그중에는 신부의 입국 사실을 밀고한 한영익도 있었다.

천주교에 갓 입문한 한영익은 이벽의 형, 이격을 찾아갔다. 이격은 집안에 큰 화를 불러일으켰던 천주교를 극심하게 반대하는 인물이었다. 한영익은 신부의 인상착의와 숨어 있는 장소 등을 알려 주었다. 이격은 이 사실을 조정에 알렸고, 곧 채제공과 정조까지 알게 되었다. 정조는 고민에 빠졌다. 천주교 문제가 다시 불거지면 이를 계기로 천주교에 우호적인 남인들은 노론의 표적이 될 것이다. 채제공이 영의정에 오르며 남인들이 비로소 세력을 확장해 가고 있는 중요한 시기였다. 그러나 진산사건 이후 천주교를 나라에서 금했으니, 그냥 넘어갈 수는 없었다.

6월 27일, 정조는 포도대장 조규진에게 주문모 신부의 체포령을 내렸다. 한영익을 수상하게 여겼던 신도들은 그동안 한영익의 움직임을 주시하고 있었기에 이 사실을 미리 알고 발 빠르게 대처할 수 있었다. 최인길은 주문모 신부를 여신도 강완숙의 집으로 피신시켰다. 강완숙의 집에는 여자들만 기거하고 있었기 때문에 포졸들도 함부로 들이닥

치지 못해 오히려 안전할 것이라고 판단했던 것이다. 그러나 피신하는 것만으로는 안전을 확보할 수 없었다. 최인길은 자신이 희생하기로 마음먹었다. 역관 집안에서 태어난 최인길은 중국어를 할수 있었다. 최인길은 중국옷으로 갈아입은 후 포졸들이 들이닥치자 신부임을 자청해 잡혀갔다. 그러나 한영익이 밀고할 때 인상착의를 자세히 말했기 때문에 최인길이 신부가 아니라는 사실은 곧 밝혀졌다.

체포된 날 저녁, 영의정 채제공의 지휘 아래 포도대장 조규진이 최인길을 비롯하여 신부를 입국시킨 윤유일과 지황을 심문했다. 밝혀진 것은 신부의 입국 경위와 한양 체류 사실뿐이었다. 그들은 끝내 신부가 있는 곳을 말하지 않았고, 모진 고문을 받는 도중 죽고 말았다. 사헌부의 권유는 남인의 수뇌인 채제공이 사건을 확대하지 않으려고 고의로 죽였다는 의문을 제기했다.

외국인 선교사가 개입된 문제이기 때문에 조정에서는 신중하게 대처하지 않을 수 없었다. 자칫하면 중국과 외교적인 문제가 발생할 수도 있었다. 주문모 신부를 잡아들이지 않은 채 사건은 마무리되었다.

금정 찰방으로 좌천

외국인 신부의 선교 활동이 알려지자 조정에서는 일대의 파란이 일었다. 천주교를 배척하는 유학자들의 상소가 끊이지 않았다. 노론은 이 사건을 정치적으로 이용해 주문모 신부의 입국을 주도한 세력으로 남인을 지목했다. 천주교의 핵심 세력들과 여전히 친분을 유지하고 있었던 정약용 또한 예외가 될 수 없었다.

부사직에 있던 박장설은 이가환을 공격하는 상소를 올렸다.

이가환은 이번 사건을 일으킨 천주교의 수뇌입니다. 그는 조카 이승훈을 시켜 중국에서 천주교 서적을 가져오도록 시킨 인물입니다. 지난해에는 과거시험에서 정약전이 시험 답안에 오행을 따르지 않고, 서양 학설인 사행을 끌어들였는데도, 시험관인 이가환은 오히려 이를 높이 사 합격시켰습니다. 이가환을 문책하면 반드시 외국인 신부의 행방을 알아낼 수 있을 것입니다.

이가환은 변명하는 상소를 거듭 올리고, 정조도 이가환을 두둔하려 했으나 이미 이가환과 정약용, 정약전, 이승훈 등을 비판하는 상소가 빗발쳤다.

"마마, 신은 진산사건 이래 천주교에 완전히 마음을 끊었습니다. 주문모 신부에 대해 추호도 아는 것이 없사옵니다."

정약용은 정조 앞에 엎드려 말했다.

"그대가 만일 성인의 글만 읽고, 경전에 어긋나는 말을 듣지 않았더라면 어찌 이런 일이 생겼겠는가. 잘못한 것이 없다고 하지 마시오. 이런 비난이 일어나는 것은 그대의 과실이오. 의심받는 것조차도 스스로 뽑아낼 수 있게 해야 할 일이오."

정조는 여러 신하 앞에서 정약용을 엄중히 꾸짖었으나, 마음속으로는 몹시 안타깝게 여겼다. 이제 막 벼슬길에 들어 제대로 뜻을 펴 보기도 전에 이런 위기에 처한 것이다.

정조는 이승훈을 예산으로 유배 보내고, 이가환을 충주 목사로 정약용을 금정 찰방으로 좌천시켰다. 찰방은 역참에서 말을 관리하는 말단의 관리였다. 정조가 금정과 충주를 좌천 지역으로 선택한 데에는 깊은 뜻이 있었다. 금정과 충주는 천주교인들이 많은 지역이었다. 정약용과 이가환이 이 지역에 근무하면서 천주교인들을 교화시켜 유교로 돌아오게 한다면 이는 이 두 사람이 천주교인이 아니라는 것을 증명하는 것이며, 나라에 공적을 세운 셈이니 조정으로 다시 불러들일 근거를 마련할 수 있었다.

정약용은 정조의 뜻을 깊이 새기며 금정으로 내려갔다. 그는 토호들과 역리들을 불러 천주교는 나라에서 금지하고 있는 것이니, 이를 지키라고 당부했다. 한때 천주교도였던 정약용은 천주교도의 마음을 누구보다도 잘 알았다. 정약용은 강력하게 탄압하는 대신 말과 행동으로 회유하는 정책을 펼쳤다. 정약용의 설득이 효과가 있어 천주교에 발을 끊는 사람들이 생겨났다. 정약용은 천주교를 사교로 배척하는 제를 지내고, 조상의 제사를 모시도록 권장했으며, 동정을 지킨다고 고집하는 여자 신도들을 시집보내기도 했다.

4개월 만에 정약용이 한양으로 돌아오자 가까이 지냈던 선배 이익운이 정약용을 찾아왔다. 이익운은 정조의 심부름을 가는 길이었다. 정조는 천주교 때문에 좌천을 보낼 수밖에 없었던 정약용을 다시 조정으로 불러들일 수 있는 계획을 품고 있었다. 기쁜 마음으로 가는 길이었기에 이익운은 발걸음마저 가벼웠다.

"금정 생활은 어땠나?"

"오랜만에 한가한 시간을 맞아 퇴계 선생의 글을 읽으며 지냈습니다."

"상감께서 자네를 몹시 그리워한다네."

"상감의 은혜는 한량이 없는데, 저는 늘 이렇게 심려를 끼쳐드리니 몸 둘 바를 모르겠습니다."

"그래, 금정에서는 무슨 소득이 있었는가?"

"토호와 역리들을 불러 제사를 지내도록 설득하는 정도였습니다. 천주교는 그들이 이익을 바라고 하는 일이 아니라 천주를 마음으로 흠모해 섬기는 일이니, 강경하게 대처한다고 해서 그들의 마음을 돌릴 수는 없지요. 저도 한때 천주교에 몸을 담았던 사람이라 그들을 이해할 수 있었습니다. 저의 마음을 솔직하게 털어 놓았더니 오히려 천주교에 발을 끊는 사람들이 생기더군요."

"이존창의 얘기는 왜 하지 않는가? 이존창을 체포하는 데에 혁혁한 공을 세웠다는 얘기를 상감께 직접 들었는데."

이존창은 충청도 예산 출신으로 진산사건 이후 많은 양반이 배교하는 상황에서도 믿음을 저버리지 않은 사람이었다. 그는 천주교의 핵심 인물이었다. 충청도 지역에 천주교가 성행하는 것이 이존창의 전교 활동 때문이라고 해도 과언이 아닐 정도였으므로 조정에서는 이존창을 잡아들이는 데 혈안이 되어 있었다. 그러다 충청감사 유강이 이존창을 잡아들였는데, 정약용이 체포 과정에 참여했던 것이다.

유강은 공로를 정약용에게 돌렸다. 이 일을 계기로 정약용이 조정에 돌아오기를 바랐던 것이다. 이 사실을 들은 정조는 새로 부임하는 충청 감사 이정운에게 도착하는 대로 이존창을 체포하는 데에 참여한 정약용의 공로를 조사하여 보고하라고 은밀하게 지시했다. 이정운은 이익운의 형이었다. 천주교의 핵심 인물을 체포한 사실은 정약용이 천주교도가 아니라는 것을 확실히 증명할 수 있을뿐더러, 공로까지 세웠으니 무난하게 조정으로 다시 불러들일 계기를 마련할 수 있으리라 생각한 것이다.

"형님이 이번에 충청도 관찰사로 내려가게 되었네. 상감께서 형님이 올릴 보고서의 초안을 자네와 상의해서 작성하라고 내게 전하셨네."

"죄인을 잡은 것을 어찌 공로라 할 수 있겠습니까."

"상감께서 지시한 일일세."

"상감의 은혜는 망극하나, 도적을 잡았다고 상을 받는 일은 수치스러운 일이 아닙니까. 하물며 이존창은 살기 위해 도망 다니는 어리석은 백성입니다. 온 군사들을 풀어도 잡을 수 없는 도적을 책략으로 잡았다 하더라도 공로로 여길 것이 아니거늘, 저는 이미 그가 숨었던 장소를 알고 장교와 나졸을 데리고 가 쉽게 잡았을 뿐입니다. 이 일을 장황하게 말하여 출세한다면, 이는 세상의 이목을 속이는 일이니 어찌 그리할 수 있겠습니까. 평생 벼슬길에 나아가지 못한다 하더라도 저는 그리하고 싶지는 않습니다."

"허허, 이 사람. 자네의 결백한 성품은 우리 모두가 알고 있는 바네. 이번 일은 자네 한 사람을 위한 일이 아니라, 임금을 위하는 일이고 우리 당을 위한 일이네. 그러니 다시 생각해 보시게."

"만약 형님의 보고서에 제 이름이 한 줄이라도 들어간다면 저는 선배님뿐만 아니라 그 형님까지도 보지 않을 것입니다."

정약용의 강경한 태도에 이익운은 그냥 물러설 수밖에 없었다.

이존창의 체포를 정약용의 공으로 돌리는 일은 무산되었으나 기회는 새로운 곳에서 왔다. 정약용의 후임으로 금정 찰방이 된 김이영이 정약용이 백성을 깨우치고 거두었던 일을 보고했던 것이다.

죽란시사 모임

정약용에게 논리적인 학자의 모습과 역동적인 관리의 모습만 있었던 것은 아니다. 그의 혈관 속에는 윤선도를 배출한 외가의 예술적 서정이 흐르고 있었다.

한양으로 돌아온 정약용은 직책 없이 지내는 동안 마음과 뜻을 함께하는 이들과 시 모임을 만들었다. 채제공의 양자 채홍원과 이유수, 윤지눌, 정약용 형제 등으로 비슷한 연배에 비슷한 위치의 벼슬아치들로 구성된 모임이었다. 이들은 살구꽃이 피면 한 번 모이고, 복숭아꽃이 처음 피면 한 번 모이고, 한여름 참외가 익으면 한 번 모이고, 서늘한 가을 서쪽 연못에 연꽃이 구경할 만하면 한 번 모이고, 국화가 피었을 때 한 번 모이고, 겨울에 눈이 많이 오면 한 번 모이고, 설을 앞두고 화분의 매화가 피면 함께 모여 시를 짓기로 했다. 대부분 대나무가 있고 난초가 피는 정약용의 집 죽란사에서 만나게 되었으므로 모임의 이름을 '죽란시사(竹欄詩社)'라고 했다.

정약용의 집은 지금의 명동인 명례방에 있었다. 높은 벼슬아치와 세력 있는 집안들이 모여 있어 수레바퀴와 말발굽 소리가 끊이지 않았다. 정약용은 도심의 한가운데에 살면서도 운치를 잊지 않았다. 꽃과 과일나무를 화분에 심어 뜰을 가득 메웠다. 그리고 굵은 대나무로 난간을 세워 이곳을 지나다니는 사람들의 옷에 스쳐

꽃이 상하지 않게 했다. 죽란시사의 동인들은 대나무 난간을 따라 걷기도 하고, 달빛에 젖어 시를 짓기도 했다.

정약용은 특히 국화를 좋아했다. 늦게 피고, 오래도록 지지 않으며, 향기가 고우면서도 화려하지 않아 선비들이 좋아하는 꽃이었지만, 정약용이 국화를 좋아하는 데에는 남다른 이유가 있었다. 정약용은 담장에 비친 국화의 그림자를 좋아했다. 밤에 담장 벽을 쓸고 산만한 물건들을 치워 주변을 정돈한 후 국화 앞에 촛불을 세워 놓으면 수묵화처럼 담에 국화의 그림자가 비쳤다. 정약용은 국화의 그림자가 그린 수묵의 그림을 혼자서, 혹은 벗들과 함께 즐겼다.

사직을 아뢰는 상소

한양으로 돌아온 정약용은 규영부에서 책을 교정하는 일을 맡게 되었다. 1796년 10월의 일이었다. 당대의 빼어난 문사인 관료들과 함께 온갖 책을 교정하고, 임금이 내린 어려운 질문에 답을 해야 했다. 정약용은 해박한 지식과 뛰어난 재주로 여러 번 임금을 감탄하게 했다. 정조는 답변에 대한 상으로 쌀, 신탄, 꿩고기, 귤 등 귀한 것들을 자주 하사했다.

정조는 정약용, 이익진, 박제가 등에게 《사기》를 교정하게 했다. 궁중에 있는 여러 본을 비교해 서로 차이가 나는 것을 가려 뽑고 좋은 쪽을 취하도록 했다. 여러 책을 찾아 고증해야 했으므로 궁중에 비장된 책을 마음껏 볼 수 있게 했다. 《사기》를 교정하는 일은 꼭 필요한 일은 아니었다. 신하들이 두루 책을 보며 학문을 탐구할 수 있도록 임금께서 친히 배려한 것이다.

그간에 채우지 못한 사랑을 모두 베풀려는 듯 정조의 사랑은 차고 넘쳤다. 궁중에 남아 늦게까지 일하는 날이면 집에서 저녁밥이 왔다. 어떤 때는 규장각 관리가 와서 "오늘 저녁은 배불리 먹지 마시오"라고 이르는 일이 있었다. 그럴 때면 어김없이 임금께서 진귀한 음식을 보내왔다.

정약용은 그해 12월 1일 병조 참지에 임명됐다가 3일에는 우부승지로, 다음 날 다시 좌부승지에서 부호군으로 옮겼다. 관직에 대해 시비를 걸지 못하게 하기 위해 이 관직에서 저 관직으로 돌렸던 것이었다. 서른여섯 살(1797년)의 정약용은 다시 동부승지에 임명됐다.

임금의 측근으로 돌아왔으나 반대파의 비방은 끊이지 않았다. 금정 찰방에서 세운 공로만으로는 천주교와 근절했다는 것을 증명하기에 부족했다. 그의 주변에는 여전히 천주교와 연루된 사람들이 있었고, 정약용은 이 사람들과 관계를 끊지 않고 교유를 계속했다. 이는 그를 비방하는 충분한 구실이 되었다. 마침내 정약용은 동부승지에 대한 사직 상소문을 올려서 스스로 자신을 해명하는 기회로 삼고자 했다. 이때 그가 올린 상소문이 〈변방사동부승지소〉다.

신은 서양학에 관한 책을 일찍이 보았습니다. 그러나 그 책을 보았다는 것만으로 어찌 죄가 되겠습니까. 책만 보는 데서 그쳤다면 어찌 바로 죄가 되겠습니까. 저는 마음속으로 기뻐서 사모했으며, 그 내용을 다른 사람에게 드러내고 자랑했습니다. 서양의 책을 읽으면서 근본의 자리에 기름이 배어들고 물이 젖어 드는 듯했고, 뿌리가 내리고 가지가 무성해지는 듯했습니다.

신이 천주교 책을 본 것은 스무 살의 초기였습니다. 이 무렵 천문학과 농사 기구, 측량의 기술을 능히 말하는 자가 있으면 세속에서 해박하다고 했는데, 신은 그때 어렸으므로 혼자서 이것을 사모했습니다. 남들과 담론할 때도 꺼린 바가 없었고, 남들이 배격하는 것을 보면 보는 것이 좁아서 그런가보다 의심했으니, 그 본뜻을 따져 보면 대체로 이문(異聞)을 넓히고자 한 것이었습니다.

진산사건이 불행히 저와 가까운 사람에서 비롯되었으나, 신은 이 일이 있은 후로 분개하고 가슴이 아파 마음속에 맹세하여 원수같이 미워하고 홍역같이 성토했습니다. 전날의 일을 돌이켜 생각하니 허황하고 괴이하고 망령되지 않은 것이 없었습니다.

저의 경우 처음 서학에 물든 것은 어린아이의 장난 같은 것이어서, 차츰 지식이 자라자 곧 적이나 원수로 여겼고, 분명히 알게 된 후로는 더욱 엄격하게 배척했습니다. 깨우침이 늦어짐에 따라 더욱더 심하게 미워했으니, 심장을 갈가리 쪼개 보아도 진실로 가린 것이 없고, 창자를 모두 더듬어 보아도 진실로 남은 찌꺼기가 없습니다.

그러나 위로는 임금님의 의심을 받고, 아래로는 당세에 허물을 잡혔으니, 한 번 처신을 잘못하여 모든 일이 무너지고 말았습니다.

차라리 저는 벼슬길이 막히기를 바라며, 때로 꺾이기도 하고 때로 펼쳐지기도 하여 부질없이 은혜만 심히 욕되게 하고 죄만 더욱 무겁게 되기를 바라지 않습니다.

정약용은 이 사직서를 통하여 젊었을 때 천주교 책을 읽고 깊이 빠져 들었으며 남들에게 전파하는 데에 열심이었던 것을 솔직하게 고백했다. 그러나 과거 공부를 하느라 점점 멀리하게 되고, 유학에 대한 공부가 깊어질수록 천주교 교리가 잘못된 것을 깨닫게 되었으며, 외종 육촌이었던 윤지충과 권상연이 제사를 폐지하고 신주를 불태운 것을 보고 완전히 마음을 끊었음을 밝혔다.

자신의 과거 행적과 마음을 감추지 않고 솔직하게 밝히는 것이 자신에 대한 혐의를 지우는 것이라고 생각했다. 그러나 결국 자신이 혐의에서 완전히 벗어나는 길은 임금의 곁에서 물러나는 것밖에 없다고 판단하고 사직 상소를 올린 것이다.

"상소를 자세히 살펴보니, 착한 마음의 싹이 봄기운에 만물이 자라나는 것과도 같구나. 종이에 가득 적어 놓은 말들은 듣는 사람을 감동시킬 만하다."

정조는 상소를 보고 이렇게 말하며 동부승지 직책을 계속 수행할 것을 명했다.

상소를 함께 읽은 신하들은 모두 빼어난 상소문이라고 감탄했다. 노론의 거두 심환지 역시 "상소문이 매우 좋고, 그의 마음과 생각이 밝도다."라며 극찬을 아끼지 않았다.

직제학 이만수는 승정원에 들어오자마자 정약용의 상소문을 찾아 큰 소리로 낭독하다가 무릎을 치면서 말했다.

"말마다 진실하고 절실하여 사람을 감동시켰소. 살아 움직이는 문장을 근래에 보지 못했던 바이니 참으로 홍문관 · 예문관 · 규장각을 통틀어 큰 솜씨라 할 수 있을 것입니다."

이만수는 노론으로 언제나 정약용에게 맞서는 인물이었다. 훌륭한 문장으로 빚은 솔직한 고백이었기에 반대파의 인물들조차 감동할 수 있었다.

그러나 그의 글을 읽고 감탄하고 감복하여 그의 마음을 이해하는 이만 있었던 것은 아니었다. 홍낙안과 이기경, 오태증 등은 오히려 '마음속으로 기뻐서 사모' 했다는 말만 따로 떼어 아직 그가 사학에 물들어 있다고 주장했다. 정조는 잠시 벼슬에서 물러나는 것이 좋으리라는 판단을 내렸다. 사직 상소가 받아들여진 것이다. 정약용은 임금 가까이에서 물러나 지방으로 내려가게 되었다.

백성을 보살피는 목민관의 자리로

현명한 판결

사직 상소를 내고 물러나 있는 동안 정조는 정약용을 곡산 부사로 임명했다. 정조가 특별히 배려한 결과였다. 임금이라 하더라도 관리를 마음대로 등용할 수 없었다. 관할 부서에서 세 사람의 후보자를 적어 올리면 임금이 이름 위에 점을 찍어 관리를 임명했다. 정약용이 쉬고 있을 때, 마침 곡산 부사가 공석이었다. 부서에서 올린 후보자 명단에는 정약용의 이름은 없었다. 정조는 직접 정약용의 이름을 적고 그 위에 점을 찍었다. 임금이 직접 관리를 추천하여 임명하는 것은 극히 이례적인 일이었다.

정약용은 금정 찰방에서 지방관으로 있었던 경험이 있고, 어릴 때부터 아버지 곁에서 목민관의 자세와 실제를 익혔다. 목민관은 그 지역의 행정과 사법을 다루는 관리였다. 대부분의 실학자들이 이론에 그쳤던 반면, 정약용은 지방관이 되어 자신의 이론을 실천할 수 있었다.

일전에 발령받은 금정이 천주교인들이 많아 문제가 되었던 지역인 것처럼 곡산 역시 문제의 지역이었다. 백성이 나라에 맞서서 일어선 봉기의 지역이었던 것이다. 봉기의 원인은 세금이었다. 군포로 200전에 해당하는 면포 40자를 거두어야 했는데, 전임 곡산 부사 때 아전들이 농간을 부려 돈으로 900전을 거두어들이려 했다. 세금을 내지 않으면 관아로 잡아가 곤장을 쳤다. 군포만이 아니었다. 모든 세금이 그와 같았으므로 백성의 원성이 높아갔다.

곡산 백성 가운데에 이계심이라는 사람이 있었다. 이계심은 당하고만 있지 말고 관청에 나아가 억울함을 호소하자고 했다. 1000여 명의 백성이 이계심과 뜻을 같이 하여 관아에 우르르 몰려가 전임 사또에게 아뢰었다.

"200전이면 될 세금을 900전이나 내라니 백성은 무얼 먹고 살란 말입니까!"

이계심이 항의하자 백성이 함성을 질렀다. 백성이 떼 지어 몰려온 것에 사또가 당황하자 백성들은 더욱 사기를 높였다. 곳곳에서

'사또는 물러가라!' 는 소리가 울려 퍼졌다.

"네 이놈! 어디 떼로 몰려와 행패를 부리느냐! 저놈이 다시는 방자한 행동을 하지 못하도록 매우 쳐라!"

아전들에게 매수당한 전 곡산 부사는 태도가 불손하다는 이유로 이계심에게 곤장을 치게 했다. 그러자 이계심과 뜻을 같이 한 1000여 명의 백성이 모두 무릎을 꿇고 소리쳤다.

"이계심은 우리의 말을 대변한 것뿐이오. 억울함을 호소한 것이 잘못이라면 우리를 모두 치시오!"

형리들이 곤장을 들고 모여 있는 백성을 향해 휘둘렀다. 몇 명의 형리들이 1000명이나 되는 백성 모두를 굴복시킬 수는 없었다. 어떤 이들은 곤장에 머리를 맞아 피를 흘렸고, 어떤 이들은 형리들을 밀며 저항했다. 관청은 아수라장이 되었다. 사태가 진정되고 나자 이계심은 혼란한 틈을 타 사라지고 없었다.

전 곡산 부사는 감영에 이 사실을 알리고 이계심을 잡을 군사를 요청했다. 그러나 이계심을 잡는 것은 쉬운 일이 아니었다. 수많은 백성이 이계심을 지지했으므로 자진해서 이계심을 숨겨 주었다. 그러는 사이 곡산의 백성이 곡산 부사를 들것에 담아 객사에 버렸다는 헛소문이 한양에까지 퍼졌다. 조정의 관리들은 주동자 몇 사람을 잡아 죽여야 한다고 주장했다. 백성에게 관대한 채제공도 기강을 세워야 한다고 정약용에게 일렀다.

마을의 입구에는 신관 사또를 맞으려는 아전들과 백성으로 웅성거렸다. 한 사내가 정약용의 행차 길을 가로막았다. 오랫동안 제대로 먹지도 입지도 못했는지 몹시 마르고 지저분한 사내였으나 눈빛만큼은 형형했다.

"누구냐?"

"소인은 이계심이라고 하는 자이옵니다."

사내는 정약용 앞에 무릎을 꿇었다.

"어인 일이냐?"

곡산에 도착하는 대로 이계심 사건을 해결해야겠다고 생각했지만, 부임 첫날에 제 발로 찾아올 거라고는 생각하지 못했다. 정약용은 사내의 모습이나 행동을 자세히 살폈는데, 그 태도와 말하는 모습이 소문처럼 무례하지 않았다.

"소인은 지난날 사또께 죄인으로 지목되어 도망을 다니고 있었습니다. 그러나 언제까지나 도망만 다닐 수는 없는 일이어서 제 발로 자수를 하러 왔으니 소인의 억울함을 풀어 주십시오. 또한 백성을 대신하여 청할 것이 있사오니 굽어 살펴 주십시오."

"그렇다면 관아로 따라오너라."

아전들은 황급히 이계심을 체포해야 한다고 말했다.

"저자는 나라에서 찾는 죄인입니다. 법대로 붉은 포승줄로 묶고 머리에 칼을 씌워 따라오게 해야 합니다."

"자수한 사람이 도망이야 가겠느냐. 그냥 따라오게 하라."

관아에 도착하자 정약용은 이계심을 먼저 불렀다.

"너에 대해서는 익히 들어 알고 있다. 청할 것이란 무엇이냐?"

이계심은 정약용에게 한 장의 종이를 올렸다. 종이에는 백성이 원하는 것들이 열두 조목으로 나뉘어 상세히 적혀 있었다. 대부분 세금에 관한 것으로 나라에서 정한 것보다 많이 거두는 것 외에도 아전들이 자의 눈금을 속여 포목을 거둔다는 내용 등이 적혀 있었다. 정약용은 열두 조목을 하나하나 꼼꼼히 살펴보았다.

"한 고을에는 마땅히 너와 같은 사람이 있어야 한다. 형벌이나 죽음을 두려워하지 않고 백성을 위해 그들의 억울함을 대신 고했으니, 천금을 주고라도 너와 같은 사람은 얻기 어려울 것이다. 오늘 너를 무죄로 석방한다."

"사또나리, 하지만 저놈은 나라에서 정한 중죄인입니다요."

아전이 이의를 제기했다.

"통치자들이 밝아지지 못하는 것은 백성이 자기 한 몸만을 위해 폐단을 보아도 통치자에게 항의하지 않기 때문이다. 너희는 이계심의 용기를 본받아야 할 것이다."

백성은 신관 사또의 판결에 환호했다. 채제공조차도 기강을 바로 세워야 할 것이라고 말했던 인물을 무죄로 석방하는 것은 쉽지 않은 판결이었을 것이다. 그러나 정약용은 권위를 내세우는 수령이 아니라 진정으로 백성의 편에 서서 백성의 삶을 보살피는 수령이 되고자 했기에 이와 같은 판결을 내릴 수 있었다. 오랜 수탈로 통치자들에 대한 불신이 두터웠던 곡산 백성은 정약용의 현명한 재판을 목격하며 차츰 마음을 열어 가기 시작했다.

가난한 백성의 편에 서리라

정약용이 생각한 바른 정치는 백성을 편안하게 하는 정치였다. 백성이 있고 난 다음에야 나라가 있고, 관리가 있고, 임금이 있을 것이었다. 그러나 이 땅의 제도와 규제는 백성을 위한 것이 아니라 소수 양반과 부자들을 위한 것이었다. 그는 잘못된 일들을 하나씩 바로잡아 가기 시작했다.

이계심이 제시한 열두 조목을 꼼꼼히 살펴본 정약용은 자신이 있는 자리에서만 세금을 걷으라고 지시했다. 관아의 뜰에는 면포를 내려는 백성으로 분주했다. 그런데 아전들이 사용하는 자가 이상했다. 정약용이 자를 가져오라 하여 살펴보니 한눈에 보기에도 자의 눈금이 길었다.

"이 자는 어디에서 가져온 것인가?"

"감영에서 가져온 것입니다."

정약용은 아전들이 사용하는 자를 표준자가 그려져 있는 책과 비교해 보았다. 자는 표준자보다 두 치나 길었다. 그동안 아전들은 포목이 짧다며 군포를 받지 않고 돌려보내는 횡포를 부렸다. 또한 포목을 걷을 때는 눈금이 긴 자를 사용하고 나라에 바칠 때는 짧은 자를 사용하여 차이가 나는 부분을 수령과 짜고 사사롭게 취했던 것이다.

"네 이놈! 네 어찌 백성을 속이고 나라를 속인단 말이냐!"

정약용은 정확한 자를 만들어 포목 관리를 철저하게 했다. 정약

용이 있는 자리에서 표준자를 가지고 포목을 거두어들였으므로 포목을 걷을 때 일어나는 수탈은 더 이상 없었다. 정해진 만큼의 세금만 내면 되었기 때문에 백성은 경제적인 부담에서 벗어날 수 있었고, 이것을 가능하게 한 신관 사또를 믿고 따르게 되었다.

정약용은 제도의 기틀을 마련해야 할 필요성을 느꼈다. 자의 길이를 확정한 것처럼 제도의 기틀을 마련하면 아전이 중간에서 농간을 부려 백성을 수탈하는 것을 원천적으로 막을 수 있다고 생각했다.

정약용은 우선 가좌책자를 다시 정리하고 '가좌표'라는 호적일람표를 작성했다. 가좌책자는 마을에 몇 가구가 사는지, 한 집에 몇 식구가 있는지, 재산 사정은 어떠한지를 조사해 기록한 책자로 세금을 부과하는 기준이 되었다. 아전들이 이것을 기록하는 과정에서 뇌물을 받고 부자를 가난한 것으로 기록하는 일이 많았다. 그렇게 해서 부자들이 세금을 적게 내는 만큼 가난한 백성의 부담은 커질 수밖에 없었다.

정약용은 노련하고 꼼꼼한 아전 열 명을 뽑아서 가좌책자를 새로 정리하도록 했다.

"마을의 가구 수와 신분, 세금의 부과와 면제 여부 그리고 논밭은 얼마나 소유하고 있는지 소와 말은 몇 마리인지 자세히 기록하도록 하여라. 감찰을 담당하는 사람을 보내서 기록이 정확한지 다시 살펴볼 것이니 추호도 거짓을 기록해서는 안 된다. 관아에서 준 여비로 밥을 먹고 잠을 자거라. 절대로 민가에 폐를 끼쳐서는 아니 될 것이다."

지도를 그려 땅의 넓고 좁음을 표시하게 한 후 가로 세로로 줄을 그어 가좌표를 만들었다. 마을의 가구 수와 생활 정도가 확연히 드러났으므로 더 이상 아전들이 부정을 일삼을 수 없었다. 정약용은 세금을 부과할 때 가좌표를 꼼꼼히 확인했다.

"이 사람은 홀아비인데다 몸이 불편한 사람인데 어떻게 군포를 낸단 말이냐!"

부정하게 세금을 부과한 것이 탄로 나면 정약용은 담당 아전을 불러 엄중히 처벌했다. 이런 일이 몇 차례 반복되자 아전들은 더 이상 세금으로 농간을 부릴 수 없었다. 가난한 백성의 삶은 점차 안정되었다.

백성을 착취하는 것은 관아의 아전뿐만이 아니었다. 황해 감영에서는 봄과 가을 두 차례에 걸쳐 꿀을 보내라는 공문을 보냈다. 벌통에서 막 꺼낸 누런 꿀 한 섬과 가공한 흰 꿀 세 말을 바치게 했다. 그러나 아전들은 누런 꿀 두 섬과 흰 꿀 여섯 말을 바쳤다. 감영의 아전들이 중간에서 꿀을 사사로이 착복하고 감영에는 공문에 적힌 대로의 꿀만 바쳤던 것이다. 또 봄과 가을뿐 아니라 필요할 때마다 공문을 띄워 수시로 거두어 갔다.

이 사실을 안 정약용이 지시했다.

"감영에서 하나를 바치라는데 수령이 둘을 바치고, 누런 것을 바치라는데 흰 것을 바치는 것은 아첨이다. 숫자와 종류를 단지 공문에 적힌 대로만 납부하라."

곡산의 아전들이 두려워하며 말했다.

"감영의 아전들은 승냥이나 이리 같은 자들입니다. 반드시 말썽이 있을 것입니다. 말썽이 있으면 돈이 필요할 터인데, 그러면 백성에게 돈을 거두어야 할 것입니다. 결국 돈을 허비하게 되니 이전대로 바치는 것만 못할 것입니다."

정약용은 일단 가 보라고 지시했다. 감영의 아전들은 꿀을 받지 않고 이 사실을 감사에게 보고했다. 감사는 그냥 받아들이라고 했다.

"그 사람은 고을의 백성을 등에 지고 있고, 나는 내 입만 가지고 있으니 다툴 수 없는 일이다."

위로는 임금의 신임을 받고 있고, 아래로는 믿고 따르는 백성이 있는 정약용이었다. 감사는 정약용과 맞선다면 후에 더 골치 아픈 일이 일어나리라 생각했다. 결국 공문대로만 꿀을 보내게 되니 이는 백성의 이익이 되었다.

낡은 관청을 보수할 때에도 백성을 아끼는 정약용의 선정은 여전했다. 정약용은 미리 설계도를 그렸다. 배다리와 수원 화성을 설계한 경험이 있는 정약용에게 관청의 설계쯤은 쉬운 일이었다. 정약용은 보수에 필요한 나무의 양과 종류를 자세하게 적어 놓고, 아전과 장교를 시켜 하루 만에 베어 오게 했다. 하루 만에 베게 하면 아전들이 중간에 목재 양을 속여 이득을 취할 수 없고, 시간적 여유가 없어 백성을 동원할 수도 없게 된다는 것을 미리 염두에 둔 지시였다. 정약용은 무거운 것을 쉽게 나를 수 있는 유형거와 삼륜거를 이용해 목재를 나르게 했다. 날씨가 추워 개울이 얼었으므로 목재를 손쉽게 나를 수 있었다. 관청에 일이 있으면 백성을 함부로 동원해 노동력을 이용했는데, 정약용은 이런 폐단을 막기 위해 아전과 장교들, 관아의 노비들을 동원해 관청을 수리하게 했다.

과거시험에 응시할 수 있는 인원도 80명으로 제한했다. 많은 사람들이 과거시험을 본다는 명목으로 일을 하지 않으면서도 특권을 누리고 있었는데, 이로 인한 손실을 최소화하기 위한 규정이었다.

1798년 겨울, 호조 판서 정민시는 곡산에 바쳐야 할 양곡 7천 섬을 한 섬에 420전씩 계산하여 돈으로 바치게 했다. 그해에는 곡식이 풍작이어서 곡식의 가격이 쌌다. 420전씩 계산하는 것은 규정을 벗어난 금액이었다.

"올해에 쌀 한 섬이 얼마냐?"

"200전입니다."

"그러면 세금을 돈으로 거두지 말고 양곡으로 거두도록 하라."

"하지만 나라에서 돈으로 거두어들이라는 교지가 있었습니다요."

"백성에게는 한 섬에 200전의 돈도 부담이 되는 금액이다. 하물며 두 배가 넘는 420전으로 쳐서 거두면 가난한 백성은 어떻게 살아가겠느냐. 걱정 말고 시키는 대로 하라."

정약용은 양곡으로 거두어 창고에 넣어 두고 호조의 지시를 따를 수 없는 이유를 조목조목 적어 조정으로 보냈다.

지금 민가의 형편은 지극히 어렵습니다. 곡산은 사방의 길이 교차하는 지점이어서 아침에 모였다가 저녁에 흩어지는 무리와 토굴에 살며 화전으로 생계를 꾸리는 백성이 대부분입니다. 대부분의 민가가 1전의 돈도 마련할 수 없는 형편입니다.

올해는 양곡이 풍년이어서 내다 팔더라도 반값을 받기조차 힘이 듭니다. 그런데 비싼 값을 매겨 돈으로 세금을 바치라 하시니 한 가구에서 5전 1푼의 돈을 어떻게 구하겠습니까. 집집마다 쌀과 양곡이 있어도 내다 팔 형편이 못 되고, 돈의 액수가 너무 많습니다.

한두 푼만 거두어도 백성이 물 끓듯 떠들어 대는데 하물며 5전 1푼의 돈을 기한 내로 어떻게 바치겠습니까. 사리에도 맞지 않을 뿐더러 백성이 집을 비우고 도망갈 것입니다.

정약용의 글은 상부로 올라가 조정에서 거론됐다. 노론이 다수인 조정에서는 정조에게 정약용을 처벌할 것을 청원했다.

"한 고을의 부사로서 조정의 행정에 맞선다면 기강이 바로 서지 않을 것입니다. 정약용이 요구한 대로 따라 준다면 어찌 전국의 수령들이 조정의 지시를 따르겠습니까. 나라의 기강이 날로 문란해질 것입니다. 정약용을 즉시 파직시키고 양곡을 돈으로 바꾸어 올리도록 해 주십시오."

정조는 보고서를 자세히 살펴보고 정약용의 처사가 백성을 위한 길임을 알아챘다.

"조정에서 해야 할 일이 무엇이냐? 백성을 위하는 일이냐, 기강을 바로잡기 위한 일이냐? 정약용의 판단이 옳다. 백성을 위해 위험을 무릅쓰고 상부 기관에 보고하는 일을 장하다고 칭찬해야 하겠느냐 벌을 주어 꾸짖어야 하겠느냐!"

정조는 정민시의 요구를 묵살하고 정약용의 판단에 따르기로 결정했다. 거두어 둔 양곡을 바치게 되었으므로 백성의 부담은 크게 줄어들었다. 백성을 위해서라면 상부 관청과도 맞설 수 있는 정약용의 굳은 의지가 백성을 살린 것이었다.

정약용이 보살핀 가난한 약자 중에는 유배객들도 있었다. 곡산에는 유배 온 죄인이 열 명 있었다. 이들에게 거처나 생계를 지원하지 않아서 마을의 400호 주민들이 돌아가면서 그들을 먹였다. 이집 저집을 돌아다니며 먹어야 했으므로 유배객들에게는 걸식이나 다름없는 일이었다. 정약용은 당파를 떠나 유배객들에게 연민을 느꼈다.

"해가 지면 새들도 다 집으로 가는데 유배 온 사람들은 들어갈 집이 없고, 해가 뜨면 연못의 고기들도 먹을 것을 바라는데 유배 온 사람들은 배고픔을 물어보는 사람이 없으며, 주변에서는 제각기 가족들이 떠들썩하게 지껄이며 서로 즐기는데 유배 온 사람들은 가까이 지낼 사람이 없구나. 아파도 돌볼 사람이 없으니 이보다 더 큰 괴로움은 없을 것이다."

이들을 보살펴야 하는 주민들도 고달프기는 마찬가지였다. 식구들이 먹을 양식도 없는데 돌아가며 유배객까지 거두어야 했으니 민가의 고통도 컸다. 정약용은 화전세 100결을 기금으로 하여 '겸제원'이라는 새로운 제도를 만들었다. 겸제원이란 양쪽이 다 구제된다는 뜻인데, 이 제도로 유배객과 주민들 모두 편해질 수 있었다. 백성은 유배객들에게 먹을 것을 제공하는 부담에서 벗어날 수 있었고, 유배객들은 걸식을 하는 모멸을 겪지 않아도 되었다. 유배를 온 사람들이지만 정약용은 이들 역시 따뜻하게 보살폈다.

지혜로운 정치

그해에는 곡산의 목화가 흉년이어서 포목 값이 크게 올랐다. 백성은 면포를 세금으로 납부해야 했는데, 돈으로 내려면 부담이 컸다. 정약용은 관아의 돈으로 평안도에 가서 포목을 싸게 사들이도록 했고 나중에 백성에게 싸게 산 포목 값을 갚게 했다. 곡산 백성은 송아지 한 마리 값을 절약했다며 크게 기뻐했다. 포목 값이 싼 곳에서 포목을 사들인 지혜도 높이 살 만하지만, 백성을 사랑하는 마음이 없었다면 하지 않을 일이었다.

정약용의 지혜는 치안 문제에서도 발휘되었다. 한 사람이 소를 사러 갔다가 도적에게 살해되었는데도 그의 가족들과 마을 사람들은 보복이 두려워 신고를 하지 않았다. 정약용은 직접 현장을 검증하여 도적을 잡아 처벌했다.

평안도 일대에 이상한 병이 돈 일이 있었다. 이 병에 걸린 노인들은 대부분 죽었고, 정약용 역시 이 병에 걸렸다. 그러나 정약용은 앓아누워 있을 수만은 없었다. 정약용은 관아의 곡식을 풀어 어려움에 빠진 백성을 돕고, 주인 없는 시신의 장례를 대신 치르게 했다. 병이 시작된 곳은 청나라였다. 정약용은 사신을 접대하는 일을 맡은 사람을 급히 불렀다.

"청나라 사신이 올 경우 가장 급한 것이 무엇인가?"

"젖은 땅에 깔 돗자리입니다. 사신이 오면 용수석이라는 돗자리를 사용해야 하는데, 황해도에서 용수석이 나는 곳은 오직 배천뿐입니다. 청나라 사신이 올 때마다 모든 군현에서 용수석을 사 가니 수량이 부족하게 마련입니다. 곡산은 배천과 먼 거리여서 항상 돗

자리를 구하는 것이 문제였습니다."

정약용은 당장 용수석을 사 오라고 명했다. 사신이 내려온다는 얘기가 없었으므로 사신을 관리하는 감리는 의아했지만 정약용의 명령에 따랐다. 그런데 용수석을 사 가지고 오는 길에 청나라의 황제가 죽었다는 소식을 접했다. 곡산의 백성과 용수석을 사 온 아전들은 부사가 미래를 내다보는 신비한 능력이 있다고 떠들어 댔다.

"신비한 능력이라는 것이 있을 리 있겠느냐. 돌림병이 청나라 쪽에서 왔고 노인들이 다 죽었기에 황제가 죽을 것을 알았을 뿐이다."

청나라의 황제는 여든아홉의 노인이었다. 청나라에서 발병한 돌림병이 노인의 목숨을 앗아 갔으므로 청나라 황제의 죽음을 예측할 수 있었던 것이다. 사건의 원인을 분석하고 결과를 예측한 실학자다운 면모가 돋보이는 일이었다.

백성을 살리는 일

곡산에서 목민관으로 있는 동안에도 정약용은 학문을 연구하고 책을 쓰는 데 소홀하지 않았다. 곡산에 있는 동안 남긴 중요한 저술은 백성의 삶과 직접적으로 연관되는 것이었다. 하나는 의학 서적 《마과회통》으로 천연두 치료법이 실려 있었고, 다른 하나는 농업 관련 상소문 〈응지론농정소〉다.

천연두는 높은 열이 나며 온몸에 발진이 나는 무서운 전염병이다. 천연두는 마마, 두창, 시두 등 다양한 이름으로 불렸는데, 이 병에 대한 사람들의 공포와 관심이 어느 정도였는지 짐작할 수 있다. 천연두에 걸리면 대부분의 아이들이 죽었고, 살아남아도 곰보가 되어 얼굴이 흉한 상처로 뒤덮였다. 정약용은 아홉 명의 자식 중 여섯을 어린 나이에 잃었는데, 대부분 천연두로 죽었다. 정약용은 오래전부터 천연두에 관심을 갖고 연구해 왔다. 곡산에서 근무할 무렵 천연두가 돌아 많은 사람들이 죽었다. 천연두의 치료법을 연구하는 것은 곧 백성을 살리는 일이었다. 《마과회통》의 서문을 보면 이 책을 지을 당시 정약용의 마음을 알 수 있다.

옛날 범중엄이 말하기를 '내가 글을 읽고 도를 배우는 것은 세상 사람의 목숨을 살리고자 함이다. 황제의 의학 서적을 읽어서 의술의 묘방을 깊이 연구하는 것 또한 사람을 살릴 수 있는 일이다.' 라고 했다. 옛 사람의 인자하고 넓은 마음이 이와 같았다.

학문을 하는 것도 사람을 살리기 위함이고, 의술을 연구하는 것 또한 사람을 살리기 위함이라는 말이다. 정약용이 다섯 차례나 고쳐서 의학 서적을 완성한 것은 범중엄의 뜻을 이어받아 백성을 살리기 위해서였다. 이 책은 이헌길의 《마진기방》과 천연두에 관한 중국 서적을 참고하여 백성이 보기 쉽게 정리한 책이다.

의원의 진찰을 받기 위해서는 돈을 내야 했으므로 가난한 백성은 의료의 혜택을 받기 힘들었다. 수많은 백성이 천연두로 죽어 갔지만, 천연두를 연구하는 의원들은 많지 않았다. 당시의 의원들은 불(火)이 들어간 해에 열꽃이 피어나는 천연두가 발병한다며 천연두의 원인을 운세에 있다고 믿었고, 수십 년에 한 번 일어나는 전염병을 연구하는 것은 돈벌이가 되지 않는다며 연구하지 않았다. 또 민간에서는 이 병을 귀신의 원한 때문이라고 하여 병이 발생하면 치료를 하지 않고 굿을 했다. 병의 원인을 운세나 귀신으로 돌리는 것을 비판한 정약용은 의학적으로 접근해 원인을 밝히고 치료법을 연구했다.

《마과회통》에서 정약용은 딱지와 고름을 이용하여 몸의 독소를 뽑아내는 인두법을 중심으로 저술하고, 서양의 우두법도 소개했다. 우두법은 영국의 제너가 실험한 방법으로 천연두에 걸린 소의 고름으로 예방 접종을 하는 천연두의 예방법이다.

당시의 지식인들이 의학을 기술이라 하여 천시했던 것과 달리 정약용은 의학 서적 저술에 혼신의 힘을 다했다. 학문은 무릇 실생활에 도움이 되는 것이어야 하고, 그 혜택이 백성에게 가야 한다고 여겼던 것이다. 백성을 사랑하는 마음과 인명을 존중하는 실학사상이 있었기에 가능한 일이었다.

1798년 정조가 농사에 관한 서적을 구하는 왕명을 내리자 정약용은 〈응지론농정소〉라는 상소를 올렸다. 이 글은 농업에 관한 기술을 구체적으로 서술한 것이 아니라 농업 정책의 방향을 제시한 개혁적인 글이었다.

농사에는 세 가지 못한 것이 있습니다. 존귀함은 선비만 못하고, 이익은 장사만 못하고, 편리함은 기술만 못합니다. 세 가지 못한 것을 없애지 않으면 날마다 매로 치며 권장하고자 해도 끝내 권장할 수 없을 것입니다. 농사는 정밀한 것인데도 거칠게 합니다. 거칠기 때문에 수고는 많아도 이익이 적으며, 수고는 많아도 이익이 적으므로 농사짓는 자가 날로 비천해집니다. 농사가 날로 비천해지므로 더욱 거칠게 되니, 반복하면서 결과가 다시 원인이 되어 농업 행정이 멀어져 갑니다.

농업의 문제점으로 농민의 지위가 선비보다 못한 점과 농업이 상업보다 이익을 내지 못한다는 점, 공업보다 편리하지 못하고 힘들다는 점을 지적한 것이다. 이를 위해서 정약용은 세 가지 농업 정책을 제시했다.

첫째, 농사를 짓는 일이 편리해야 한다. 농사가 편해지기 위해서는 놀고먹는 사람이 없어야 한다. 양반이나 상민을 막론하고 놀고먹는 사람이 없도록 유식 계급을 없애면 농사를 짓기에 훨씬 편할 것이라고 주장했다. 농사가 편리해지려면 수동식 농업에서 기계식 농업으로 바뀌어야 한다. 기계식 농업이 되려면 농기구 개발이 필요했다. 수리 시설을 확충하는 것도 농사를 편리하게 하기 위해 제시한 한 방법이었다.

둘째, 농사의 이익이 많아야 한다. 우선 환곡 제도를 폐지할 것을 주장했다. 환곡 제도는 먹을 것이 없는 봄에 양식을 꾸어 주고 이자를 붙여 가을에 갚게 하는 빈민구휼 제도였지만, 농민을 착취하는 제도로 변질되었다. 농사에서 이익이 많으려면 축산업을 진흥시켜야 한다고 생각했다. 소, 말, 닭 등의 가축을 기르고 산에 밤, 감, 대추 등의 과수를 심으면 소득이 늘어나게 된다. 되나 말 등의 도량형이 정확하지 않아 아전들의 농간이 심하므로 도량형을 일정하게 하는 것도 농민의 이익을 늘리는 길이라고 주장했다.

셋째, 농민의 지위를 향상시켜야 한다. 농민의 지위가 천하면 누구도 농사를 짓지 않을 것이라고 지적하면서, 과거에 응시하느라 농사를 짓지 않는 선비들이 농부를 천하게 여기기 때문에 농민의 지위가 낮아진다고 했다. 각 고을마다 과거시험에 응시할 수 있는 수를 정해 그 이상의 사람들이 과거를 보는 폐해를 막아야 한다고 강조했다.

조선은 농업이 중심인 국가였다. 정약용은 나라의 기틀인 농업이 살아야만 백성이 살고 나라가 살 수 있다고 생각했다. 정약용의 농업 정책과 토지 개혁 정책은 이러한 생각을 기반으로 한 것이었다.

《마과회통》에서 보인 의술 연구와 〈응지론농정소〉에서 제시한 농업 진흥책은 기존의 방법에서 벗어나 새로운 지식과 기술을 도입하는 실학 정신의 발휘였다. 이것은 모든 학문의 목적이 백성을 살리는 데에 있다는 정약용의 애민정신을 바탕으로 하고 있다.

정조의 죽음과 어지러운 정국

죄인을 다스리는 법

1799년, 서른여덟 살의 정약용은 곡산 부사로 있는 동안 명상 채제공의 부음 소식을 전해 들었다. 채제공은 정조의 신임을 받아 영의정까지 오른 남인의 핵심 인물로 정약용을 적극적으로 지지한 인물이었다. 남인들은 뛰어난 지도자를 잃음과 동시에 든든한 지지 기반을 잃은 셈이었다.

그해 4월, 정조는 정약용을 군사 담당의 병조 참지에 임명해 다시 조정으로 불러들였다. 한양으로 오는 동안 동부승지로 임명했고, 곡산에 있을 때 형사 사건을 명쾌하게 처리한 사실을 안 정조는 다시 조선시대의 사법 기관인 형조에 참의로 승진시켰다.

"처음에는 올 가을에 불러오려고 했지만, 마침 큰 가뭄이 들어 처리해야 할 여러 형사 사건을 심리하고자 불렀다. 황해도에서 일어난 의심스러운 사건을 재조사한 너의 보고서를 보니 사건 처리가 매우 명백했다. 뜻하지 않게 글귀나 읽는 선비인 네가 법률을 다스리는 일까지 잘 알고 있으니 바로 불러들인 것이다."

정약용이 곡산 부사로 있는 동안 황해도에 해결하지 못한 두 건의 옥사가 있었다. 정조는 이 두 사건을 재조사하는 과정에 곡산 부사 정약용을 참여하게 했다. 정약용은 사건을 명백하고 말끔하게 처리했다. 정조는 이 두 사건의 처리를 보고 형조 참의로 쓰려고 정약용을 조정으로 불러들였다.

정조는 형조 판서 조상진에게 "그대는 이제 늙었소. 참의는 젊고 총명하니 이제 편히 쉬고 모든 것을 참의에게 맡기도록 하오." 라고 말했다.

노론이 거세게 반대할 것을 예상해 직급이 낮은 참의로 불렀지만 실제로는 형조 판서의 권한을 정약용에게 넘긴 것이다.

정약용은 우선 7년째 끌어 오고 있는 살인범 함봉련 사건을 해결했다. 조선의 법률은 살인자를 매년 하지와 동지에 사형시켰으므로 함봉련을 감옥에 가둬 둔 채 7년 동안 형 집행을 미뤄 온 것은 이례적인 일이었고, 그만큼 함봉련 사건은 의심스러운 부분이 많았다. 정약용은 첫 번째 조사서와 두 번째 조사서를 꼼꼼히 살펴보았다. 원인을 조사하고 내막을 살펴보니 함봉련이 가진 것 없고 아는 것 없어서 당한 억울한 사건이었다. 그래서 정약용은 함봉련의 무죄를 주장하고, 정조 앞에서 그 근거를 아뢰었다.

"시체 검안서에 기록된 것은 다친 흔적이 가슴 위에 있었는데, 검붉고 단단하며 둘레의 반지름이 두 치에 이르렀다고 했습니다. 고발자가 처음에 고소할 때 김복선이 무릎으로 가슴을 쳐서 그 자리에서 피를 토했다고 했으니, 이 말은 죽은 사람이 죽기 직전에 한 것으로 가장 믿을 만하고 시체 검안서와도 일치합니다.

함봉련이 살인자로 지목된 것은 피해자가 가해자로 고소한 김복선의 진술 때문입니다. 김복선은 함봉련이 땔나무를 지고 돌아오는 길에 죽은 사람을 만나 손으로 등을 밀어뜨렸는데, 그로 인해 죽었다고 했습니다. 만일 그의 말대로라면 상처가 등 뒤에 있어야 하고 밀어뜨린 흔적에서 벗어나지 않아야 합니다. 그러나 시체 검안서에는 상처가 가슴에 있고 구타를 당한 흔적이 있습니다.

김복선은 죽은 사람이 범인으로 지목하고 고발한 사람입니다. 자신의 죄를 무마시키기 위해 함봉련에게 덮어씌운 것이니 마땅히 다시 판결을 내려야 할 것입니다."

"미끼 놓은 그물에 의탁할 곳이 없는 제비가 잘못 걸렸구나. 함봉련을 즉각 놓아주고 조사 기록을 불에 태워 버려라."

정약용의 의견을 들은 정조는 매우 흡족했다. 형사 사건에서 무엇보다 중요한 것은 증거와 논리였다. 정조의 생각도 그와 같았으므로 함봉련을 석방하는 것으로 사건이 해결되었다.

신착실 사건 역시 정약용이 해결한 것이었다. 황주에 사는 신착실이 돈 2전 때문에 사람을 밀어붙이고 지겟작대기로 항문을 찔러 죽인 사건이었다. 남을 죽인 자는 사형이었으므로 사건을 조사한 관리들은 신착실을 사형에 처해야 한다고 주장했다. 그러나 정약용의 생각은 달랐다.

"이번 일은 살인을 하고자 의도한 것이 아니라 우발적으로 일어난 것이니 용서해 주는 것이 마땅합니다."

며칠 후 정조는 판결을 내렸다.

"지극히 조그만 것이 항문이고 지극히 뾰족한 것이 지겟작대기 끝이다. 지극히 조그만 것을 지극히 뾰족한 것으로 찔렀으니 이는 천하에 일어나기 어려운 지극히 우연한 일이다."

신착실은 마침내 무죄로 풀려났다. 정약용은 죄인을 형벌하는 것을 우선으로 여기지 않았다. 일의 앞뒤와 자세한 형편을 살펴서 관대한 처분을 내리는 것이 백성을 다스리는 최선의 방법이라고 여겼다. 백성을 죽이는 법이 아니라 살리는 법을 펴자는 것이었다.

고향으로 돌아가다

정약용에 대한 정조의 신임은 더욱 두터워졌다. 정조는 정약용을 자주 불러 밤이 깊을 때까지 학문에 대해 토의하고, 나라의 중요한 일을 의논했다. 명상 채제공이 세상을 하직한 후 정조의 곁에는 마음을 터놓고 의논할 신하가 없었으므로 정조는 정약용이 곁에 있는 것이 더욱 든든했을 것이다. 정약용은 모든 일에 정대한 판단을 내리고 효율적이고 명쾌한 해답을 제시하는 명민한 신하였고, 마음을 터놓고 지낼 수 있는 인간미 넘치는 동지였다. 정조는 정약용을 채제공의 뒤를 이을 신하로, 아니 그보다 더 큰 재목으로 쓸 것을 염두에 두고 있었다. 그러나 정조의 사랑이 깊어갈수록 반대파의 시기 또한 늘어갔다. 노론은 신경을 곤두세운 채 정약용을 주시했다. 이런 움직임을 간파한 정약용의 친구 홍시보가 정약용에게 조언했다.

"요즘 상감께서 밤늦도록 자네와 함께하시는 일이 잦은 모양이더군."

"잊지 않고 불러 주시니 그 큰 은혜를 어찌 갚을 수 있겠나."

"그러나 그것이 반드시 좋지만은 않을 것이네."

"그게 무슨 소린가?"

"자네는 자네를 시기하는 무리의 저 사나운 눈길을 느끼지 못하는가. 우리 청지기 중에 옥당의 아전이 된 자가 있는데, 밤에 상감께서 자네를 만나는 일이 끝나지 않으면 옥당에서 걱정이 되어 아전을 보내 엿보느라 잠을 자지 못한다고 하더군. 자네가 그런 일을 어찌 감당할 수 있겠나."

옥당만이 아니었다. 노론은 호시탐탐 정약용을 꺾을 기회를 엿보고 있었지만, 정약용의 틈은 쉽게 보이지 않았다. 정약용의 유일한 약점은 천주학이었는데, 이미 공격의 근거가 되지 않았다. '동부승지를 사직하는 상소문'에서 자신의 잘못을 솔직히 고백했고 임금이 그것을 인정하고 용서했으며, 천주교도를 교화시키는 일로 공을 이룬 바 있으므로 더 이상 천주학을 빌미로 정약용을 공격할 수 없었다. 그래서 노론은 정약용에게 겨누고 있던 화살을 정약용의 형, 정약전에게 돌렸다.

사간원 대사간 신헌조가 정조에게 권철신·이가환 등의 무리가 사학(천주교)에 물들어 있으니 이들을 단죄해야 한다고 아뢰면서 정약전의 이름을 같이 언급했다. 정조는 이 보고를 듣고 노하여 신헌조를 꾸짖는 것으로 사건을 일단락 지었으나 일은 거기에서 끝나지 않았다. 사간원에서 '정약용은 형인 정약전이 사간원의 배척을 받고 있는데도 구차하게 공무를 계속하고 있다.'고 상소를 올렸던 것이다. 당시에는 관료 자신이나 가까운 친척이 혐의를 받아 사간원의 배척을 당하면 스스로 벼슬에서 물러나 판결을 기다리는 것이 관례였다. 정약용은 정약전이 배척받은 사실을 모르고 평상

시처럼 출근했는데, 이점을 빌미로 삼아 정약용을 공격한 것이다. 정약용은 바로 형조 참의를 사직하는 상소를 올렸다.

저는 마땅히 벼슬에 나갈 생각을 하지 말았어야 했는데 너무 오랫동안 벼슬살이를 하게 되었습니다. 남의 헐뜯음을 받은 것이 쌓이고 쌓여 이제는 불안하고 위태한 형편에 이르고 말았습니다. 조정에 나온 11년 동안 여러 직책을 거치면서 하루도 편할 날이 없었습니다. 첫째도 저에게서 비롯된 일이요, 둘째도 저에게서 비롯된 일이니, 어찌 감히 자신을 정당화시키고 남을 헐뜯어 스스로 그물이나 함정에 빠지는 것을 거듭할 수 있겠습니까.

다만 제가 고통스러워하는 것은 저를 임금님께서 비루하다고 생각하지 않으시고, 저와 같은 사람을 임금님께서 버리지 않으시고 사랑하고 감싸 주시며, 갈고 닦아 훌륭한 인재가 되기를 바라신 것입니다. 부질없이 임금님의 염려만 끼치다가 커다란 허물을 짊어지고야 말았습니다.

저의 속마음은 이미 '동부승지를 사직하는 상소'에서 모두 말씀드렸습니다. 평생의 허물을 세상에 밝혀 세상이 용납하면 굳이 떠나지 않고, 세상이 용납하지 않으면 구차하게 벼슬에 나아가지 않으려고 했습니다. 지금 세상의 뜻을 보면 용납하지 않을 뿐만 아니라 한 집안을 끌어들이려고 합니다. 지금 떠나지 않으면 세상에 버려진 사람이 될

뿐만 아니라 집안의 도리에 어긋나고 순리를 거스르는 아우가 될 것이니 제가 어찌 이런 짓을 할 수 있겠습니까.

저는 이제 나아가도 의지할 곳이 없고, 물러나도 돌아갈 곳이 없습니다. 다만 저의 고향은 강과 호수, 물고기와 새의 풍광이 아름다워 성품을 닦을 만합니다. 백성과 더불어 죽을 때까지 전원에서 여생을 쉬면서 임금님의 은택을 노래한다면 저는 남의 표적이 될 근심이 없고, 세상은 눈엣가시를 뽑는 기쁨이 있을 것이니 또한 좋은 일이 아니겠습니까.

반대파가 정약용을 헐뜯는 일은 이번이 처음은 아니었다. 수차례 반복되는 일에 어느 정도는 단련되어 있었지만, 자신 때문에 형이 비판받는 것은 견딜 수가 없었다. 당의 이익을 지키기 위해 어떤 간교함도 마다하지 않는 노론에게 참을 수 없는 혐오감이 일었다. 정조는 한 달이 넘도록 정약용의 사직을 허락하지 않고 다시 벼슬에 나오라는 전교를 내렸다. 정조에게는 정약용과 같은 인재가 필요했기 때문이다. 그러나 정약용은 끝내 관직에 나아가지 않았다. 이제 공격은 자신뿐만 아니라 형에게까지 미치고 있었다. 자신이 여기에서 물러서지 않고 맞선다면 크나큰 화를 불러올 것이라고 생각했다. 여기서 빠져나갈 수 있는 방법은 관직에서 물러나는 것밖에 없었다. 1799년 7월, 정약용의 사직이 받아들여져 파란 많은 벼슬살이를 마감했다.

　고향 마재로 돌아간 정약용은 자연 속에서 한결 가벼운 마음이었다. 짧다면 짧고 길다면 긴 벼슬살이를 하는 동안 정약용은 한시도 편할 날이 없었다. 세상의 온갖 비방에 시달리느라 가슴에 품은 뜻조차 제대로 펼쳐 보지 못한 날들이었다.

　"시골에 내려와 한가로이 지내니 적적하지 아니한가?"

　벗이 찾아와 물으면 정약용은 빙긋이 웃으며 현판 하나를 꺼내 보였다.

　"소내강의 안개와 물결 속에 낚시질하는 늙은이의 집이라는 뜻일세."

"무엇에 쓰려고 새겨 두었나?"

"장차 마련할 배의 이름일세. 이것을 만들어 간직해 온 지 벌써 몇 년이 되었다네."

"배는 사서 무엇을 하시려는가? 어부라도 되려는 겐가?"

"오래전부터 소망하던 일이었다네. 적은 돈으로 배를 하나 사서, 배 안에 어망 네댓 개와 낚싯대 한두 개를 갖추어 놓고 늙은 아내와 어린아이와 어린 종 하나를 이끌고 거기서 살고 싶었다네. 바람을 맞으며 물 위에서 잠을 자고, 물결 위를 떠다니는 오리들처럼 둥실둥실 떠다니다가 시를 지어 마음의 평정을 이루며 사는 것이 내 소원이라네."

뛰어난 수리적 재능으로 배다리를 설계하고 수원성 건축에 참여했고, 논리적 사고로 죄인을 다스리는 일에 합리적 판결을 내렸으며, 올곧은 목민관의 자세로 백성을 다스렸던 관리 정약용의 가슴 한편에는 외가에서 물려받은 예술적 감성이 잔잔하게 흐르고 있었다.

그러나 정약용이 고향 마재로 내려갔다는 소식을 들은 정조는 급히 정약용을 불러올렸다. 정조는 "머물 곳이 정해지면 들어와서 서적 교정을 하는 것이 좋겠구나. 내가 어찌 너를 버리겠는가."라는 말을 승지를 통해 전했다. 벼슬길을 버리고 고향으로 내려왔지만 임금의 간곡한 부름을 외면할 수 없었다. 정약용은 배를 장만하여 현판을 걸어 보기도 전에 한양으로 올라가야 했다.

6월 12일, 정약용은 뜰에 앉아 맑은 빛을 뿜는 달을 구경하고 있었다. 밤늦은 시각에 누군가 대문을 두드렸다.

"밤이 늦었는데 뉘시오?"

"궁전에서 나온 아전입니다. 임금님의 교지를 전하고자 왔습니다."

아전의 손에는 《사기선(史記選)》 열 질이 들려 있었다. 임금께서 손수 내린 책이었다.

"다섯 질은 간직하여 집안에 전하도록 하고, 다섯 질은 표지에 제목을 써서 보내라고 하셨습니다. 그리고 '요즘 책을 편찬하는 일이 있으니 곧 불러들여야 할 것이나, 주자소를 새로 개수해 벽에 바른 흙이 아직 덜 말랐으니 그믐께면 들어와 경연에 오를 수 있을 것'이라고 전하라 하셨습니다."

"상감께서는 어찌 지내시던가?"

"하교를 내리실 때 임금님의 낯빛이 나리를 몹시 그리워하는 듯했고, 말씀도 특별히 부드러우셨습니다. 책을 내리신 것도 나리의 안부를 묻고자 하는 뜻이었을 것입니다."

정약용은 목이 메었다. 아전의 말을 들으며 정조가 자신을 얼마나 지극히 위하는지 느낄 수 있었다. 손수 책을 내려 집안에 전하라 하는 것도 정약용에 대한 세심한 배려였지만, 책의 표지를 써 오라는 것이 정약용의 마음을 울렸다. 정약용이 궁에 들어오기 전에 그 육필이라도 보면서 그리움을 달래려는 정조의 마음을 느낄 수 있었기 때문이다.

정약용은 정조의 곁으로 돌아가리라 마음먹었다. 노론의 틈에서 홀로 남아 있는 정조의 외로움을 미처 헤아리지 못한 자신의 불찰을 뒤늦게 후회했다. 당파의 이익을 위해서라면 한 사람은 물론 그 가문까지 해치기 위해 온갖 음해를 가하는 반대파에 대한 혐오와 뭇사람들의 입에 오르내리는 것이 싫어 고향에 내려와 한가롭게 지내려던 자신이 부끄러웠다. 진정한 충신은 임금의 곁에서 임금과 고난을 함께하는 신하였다.

그러나 정약용은 그때 정조가 갑자기 닥친 병마에 시달리고 있다는 사실을 알지 못했다. 아전을 보내 책을 내려 주시고 안부를 물으신 것이 마지막 인사가 될 것이라고는 미처 생각하지 못했다.

정조의 죽음, 하늘이 무너지는 슬픔

어둠을 뚫고 궁으로 향하는 정약용의 발걸음은 허방을 딛는 듯 위태로웠다. 마음은 벌써 궁 안으로 가 있는데, 발은 다급한 마음을 따라오지 못하고 자꾸만 뒤채였다. 수일 전 아전을 보내 책을 보내고 교지를 내릴 때만 해도 그리운 낯빛이었다고 했을 뿐 병색

이 있다는 말은 듣지 못했는데, 갑작스레 돌아가셨다는 소식을 들으니 자신의 눈으로 보기 전까지는 믿을 수 없었다.

창경궁의 정문인 홍화문에 다다르자 비단 장막을 에워싼 일천 개의 붉은 등촉이 궁궐을 밝히고 있었다. 임금의 승하를 알리는 불빛이었다. 성곽과 대궐의 모습은 옛 모습 그대로였지만, 정조가 없는 궁궐은 허랑하고 쓸쓸하기만 했다. 정약용은 무릎이 꺾여 그 자리에 주저앉으며 목메어 울었다. 가슴이 타들어 가고 하늘이 무너지는 듯한 슬픔이 정약용의 가슴을 가득 메웠다. 정조는 평생을 다하여도 갚을 수 없는 사랑을 베푼 어머니와 같은 분이었고, 어떤 위험에서도 든든하게 보호해 준 아버지와 같은 분이며, 학문의 깊이와 넓이를 확장해 준 훌륭한 스승이었다. 마음을 터놓을 수 있는 속 깊은 벗이었고, 노론이 판치는 세상에서 뜻을 나눌 수 있는 동지였다.

소식을 듣고 뒤이어 달려온 조득영이 정약용의 어깨를 두드리며 함께 통곡했다. 조득영과 함께 임금의 영정을 모신 서향각을 찾아가 마지막 하직 인사를 올리려 했지만, 궁의 문지기들이 두 사람을 밀쳐 냈다.

"이 무슨 하늘이 무너지는 변고란 말인가!"

갑작스런 죽음을 믿을 수 없어 정약용은 조득영에게 물었다.

"13일부터 등에 종창 때문에 치료를 받으셨다고 하네."

13일이라면 정조가 아전을 보내 안부를 물은 그 다음 날이었다.

"어의에게 증상을 말씀하신 후 처방을 받았는데, 나아지는 기색이 없이 병이 심해지자 임금께서 홀로 병의 증상을 살펴 스스로 처방을 내리셨다고 하더군."

정조는 의학에도 조예가 깊었으므로 스스로 진단하고 처방을 내릴 만했다. 그러나 어의에게조차 상처를 보이지 않은 것은 그만큼 정조의 주변에 믿을 만한 사람이 없었다는 것이었다. 그 사실이 정약용의 가슴을 더욱 아프게 했다.

"상감께서 돌아가신 후 흉흉한 소문이 끊이지 않으니 마음이 어지럽네."

"흉흉한 소문이라니 무슨 말인가?"

"상감의 임종을 지킨 분이 대비마마라고 하네. 주변의 신하들을 물리치고 홀로 임종을 지켰다고 하더군."

"어찌 그런 일이 있을 수 있단 말인가?"

대비나 왕비라 하더라도 국왕의 임종을 지킬 수 없는 것이 조선 왕실의 예법이었다. 게다가 대왕대비 정순왕후는 정치적으로 정조의 숙적이었다. 정순왕후의 친정은 노론의 핵심 세력이었고, 사도세자를 음해하는 데 앞장을 선 것도 그녀와 그녀의 아버지 김한구였다. 정조가 왕위에 즉위하자 정순왕후의 친정 일가는 급히 몰락의 길을 걸었다. 정조에게 정순왕후는 아버지 사도세자를 죽인 원수였고, 정순왕후에게 정조는 친정 집안을 몰락시킨 장본인이었다. 그런 정순왕후가 주위에서 말리는 것을 물리치고 정조의 곁에서 홀로 임종을 지켜본 것이다. 그리하여 정순왕후가 정조를 독살한 것이 아니냐는 추측이 난무한 가운데, 정조가 연 개혁의 시대는 막을 내렸다.

살얼음판을 걷듯 조심스런 마음으로

정조의 죽음에 대한 애도가 채 사그라지기도 전에 정약용과 이가환에 대한 반대파의 공격이 거세졌다. 이기경과 홍낙안이 시련의 첫 문을 열었다.

"이가환과 정약용 등이 4흉 8적을 제거하려 한다."고 주장한 것이다. 그들이 말한 '4흉 8적'은 서학을 배척하던 노론의 재상들과 소문을 퍼트린 이기경과 홍낙안 등이었다. 남인의 기반인 채제공과 남인을 굳건히 비호하던 정조가 없는 마당에 '4흉 8적'을 제거하려 한다는 것은 터무니없는 유언비어에 불과했다. 이는 정조의 비호 아래에 있었던 정약용과 이가환을 제거하려는 움직임이 시작됐음을 알리는 사건이었다.

세자 순조의 나이가 열한 살이었으므로 어린 순조를 대신해서 궁궐의 가장 어른인 정순왕후가 수렴청정(임금이 어린 나이로 즉위했을 때, 왕대비나 대왕대비가 이를 도와 정사를 돌보던 일)을 했다. 노론의 시대가 다시 열린 것이다.

정약용은 고향 마재로 내려왔다. 애초의 소원대로 전원에 머물면서 시와 학문에 몰두할 뜻을 품었다. 정약용은 고향집에 '여유당(與猶堂)'이라는 이름을 지어 붙였다. '여유'는 노자의 시구에서 따온 말로, '겨울에 냇물을 건너는 것과 같이 망설이고 사방에서 엿보는 것을 두려워하듯 경계한다.'는 뜻이었다. 이 이름에는 자신의 처지와 세상을 살아가는 정약용의 태도가 드러나 있다. 정약용은 〈여유당기〉에서 조심스럽게 세상을 살아가야 한다는 의지를 밝혔다.

겨울에 냇물을 건너는 것은 차갑다 못해 따끔따끔해 뼈를 끊는 듯하니 꼭 필요하지 않으면 건너지 않는 것이다. 주위의 이웃을 두려워하는 것은 몸 가까이에서 지켜보니 꼭 필요하더라도 하지 않는 것이다.

정조가 없는 세상은 정약용에게 살얼음판을 딛는 것처럼 위태롭고 두려운 것이었다. 정약용은 고향에서 세상일을 뒤로하고 학문에 전념하기로 했다. 그러나 노론을 비롯한 반대파는 정약용이 조정에서 물러나 전원에서 생활하는 것으로 만족하지 못했다. 피비린내를 품고 있는 바람이 궁벽한 시골 마재에까지 불어오고 있었다.

유배지에서 학문을 연구하다

신유교옥

1800년 11월 6일, 정조는 사도세자의 묘소인 수원 현륭원에 묻혔다. 묻힌 것은 정조만이 아니었다. 정조의 장례가 끝나기만을 고대했던 노론은 정조가 이룩한 모든 업적을 함께 묻어 버렸다. 조정의 요직은 다시 노론에게 돌아갔고, 노론은 일당 독재의 기반을 구축하고 있었다. 정순왕후를 앞세운 노론은 남인이 다시는 일어서지 못하도록 총공세를 펼쳤다. 빌미는 여전히 천주교였다. 천주교야말로 남인의 가장 큰 약점이었다. 천주교는 가부장제와 제례 같은 유학의 전통을 부정하고 있었고, 유학을 부정하는 것은 나라의 근간을 부정하는 것이기 때문이었다.

1801년 1월, 어린 순조 뒤에서 정치를 돌보던 정순왕후는 천주교를 나라의 윤리와 가르침을 배반하는 사악한 학문으로 정하고, 천주교도를 역적의 법률로 다스리겠다는 전교를 내린 후 오가작통법의 시행 명령을 내렸다. 오가작통법은 중대한 범죄자를 샅샅이 찾아낼 때나 세금 징수·부역의 동원 따위를 위하여 다섯 호의 민가를 한 통씩 묶어 관리하던 제도였다. 죄인을 신고하지 않으면 오가작통법에 묶인 다른 사람들이 피해를 보기 때문에 다정해야 할 이웃들은 서로를 의심하고 철저히 감시했다. 이는 천주교도를 대역 죄인으로 규정하고 반드시 조선에서 완전히 뿌리를 뽑겠다는 뜻이었다. 전국에서 수많은 천주교도가 검거되어 역적을 다루는 법률로 혹독하게 다스리니, 이것이 신유교옥의 시작이었다.

정약용의 셋째 형 정약종은 천주교도 조직인 명도회 회장으로 한양에서 전교 활동을 하고 있었다. 형제들 중 가장 늦게 천주교에 입교한 정약종은 다른 형제들과 양반 출신의 교인들이 천주교를 배격할 때에도 믿음을 버리지 않고 천주교 활동을 계속해 왔다. 조정에서 천주교에 대한 수색과 단속을 강화하자 정약종은 자신의 집이 언제 수색당할지 알 수 없다는 판단을 내리고 천주교 성상과 서적, 관련 문서들을 옮기기로 결심했다. 책을 넣어 두는 책롱에 이것들을 넣고 솔가지를 덮어 나뭇짐으로 위장한 후 황사영의 집으로 옮길 계획이었다. 황사영은 맏형 약현의 사위로 독실한 믿음을 지니고 있는 젊은이였다. 그러나 이 책롱은 운반 도중 한성부 순찰에 발각되었다.

2월 9일에는 홍문관 · 사헌부 · 사간원에서 천주교 조직을 완전히 와해시키려면 세력의 우두머리부터 처단해야 한다는 주장을 하며 이미 죽은 채제공의 관직을 삭탈해야 한다는 상소를 올렸다. 이어서 이가환과 이승훈 그리고 정약용이 사학 모임을 조직해 근간을 이루었으니 엄중히 죄를 물어야 한다는 내용의 상소가 사헌부에서 나왔다.

정약용은 의금부로 끌려갔다. 이가환 · 이승훈 · 권철신 등과 정약용의 두 형 정약전 · 정약종도 모두 감옥에 갇혀 조사를 받았다.

"죄인 정약용에게 묻겠다. 이가환 · 이승훈과 한통속이 되어 천주교의 소굴을 만든 것이 사실이냐?"

"저는 한때 천주학에 몸을 담은 바가 있습니다. 그러나 곧 잘못된 길임을 깨닫고 천주학을 미워하게 되었습니다. 이러한 저의 마음은 일전에 선왕께 올린 동부승지를 사직하는 상소에 자세히 기록했습니다. 그때 선왕께서는 '착한 마음이 봄의 새싹처럼 무성하다'고 하셨습니다."

정약용의 대답이 논리적이었고, 천주학에 계속 몸을 담았다는 증거가 없었다. 게다가 사건의 시발점이 되었던 정약종의 책롱이 정약용의 무죄를 입증하는 단적인 증거가 되었다. 책롱 속에 한 천주교도가 정약종에게 보내는 편지가 있었는데, 거기에 '너의 아우(약용)가 알지 못하게 하라'는 구절이 있었고, 정약종의 글에도 '형제와 천주교를 함께할 수 없으니 이는 나의 죄이다'라는 구절이 있었던 것이다.

정약종은 끝내 신앙을 버리지 않았다.

"저는 본래 천주학을 바른 것으로 알았지 사악한 것으로 알지 않았습니다."

국문에 임한 정약종이 대담하게 말했다. 그는 이미 죽음을 각오하고 있었다. 정약종은 다른 천주교인과 주문모 신부에 대해 어떤 사실도 언급하지 않은 채 사형을 받았다. 정약종은 다음 날 서소문 밖의 형장으로 끌려갔다. 행렬 주변에 모인 구경꾼들에게 정약종이 말했다.

"여러분은 우리를 비웃지 마시오. 천주를 위해 죽는 것은 당연한 일이오. 최후의 심판 때 우리의 울음은 웃음이 될 것이나 여러분의 웃음은 고통이 되리니 여러분은 웃지 마시오."

정약종은 형장에서 순교했으나 노론이 원하는 것은 정약종 한 사람의 목숨이 아니었다. 그들이 제거해야 할 것은 끝내 믿음을 버리지 않는 천주교도가 아니라 후일 채제공의 뒤를 이어 남인의 우두머리가 될지도 모르는 이가환이었다. 이가환은 정조가 재상으로

쓸 재목으로 여겼던 인물이었다. 정조가 죽은 후 남인 세력은 전멸한 것이나 마찬가지였지만, 노론은 재기할 여지가 있는 조그만 싹조차도 남겨 두려고 하지 않았다. 이가환은 결백을 주장했지만, 모진 고문을 이겨 내기에는 힘겨운 예순의 나이였으므로 심문을 당하는 중에 죽고 말았다. 예순여섯의 나이였던 권철신도 곤장을 맞

다가 죽음을 맞았다. 베이징에서 천주교 서적을 들여온 이승훈은 정약종과 같은 날에 사형을 당했다. 정약종의 사돈이었던 홍교만 역시 배교를 하지 않고 사형당했다. 정약종의 아들 정철상과 홍낙민 등의 양반, 중인 출신인 이존창과 최필공 등 천주교의 핵심 인물들이 줄줄이 형장에서 죽음을 맞았다. 여신도 강완숙의 집에서 은신하며 전교 활동을 했던 주문모 신부는 환란을 피해 중국 국경까지 갔다가 다시 돌아와 자수했다. 수많은 천주교도가 죽임을 당했는데, 혼자 살기 위해 도망칠 수 없었기 때문이었다. 주문모 신부가 청나라 사람이었으므로 중국과 외교 문제가 발생할 것을 우려해 조정의 일부에서는 주문모 신부를 풀어 주자는 의견이 있었지만, 그해 4월 19일 한강의 새남터에서 목을 베어 죽였다. 이 사건으로 약 100명의 천주교도가 단지 천주교와 연루되었다는 이유로 사형당했고, 400명에게 유배형이 내렸다.

감옥에 있는 동안 정약용은 '성의(誠意)'라는 두 글자를 가슴에 새겼다. '성의'는 뜻을 정성스럽고 진실하게 한다는 뜻이었다.

"죽고 사는 것은 정해진 명이 있으니 걱정하여 속을 태운다 하여도 아무 소용이 없다. '성의'라는 두 글자는 죽을 때까지 써야 하는 것이요, 우환과 재앙에 처했을 때에는 오직 이것을 새김으로써 바르게 해야 한다."

이 두 글자를 가슴에 새기며 마음의 평정을 찾으려 노력했던 것이다. 그러나 삶과 죽음의 갈림길에 놓여서 마음을 평화롭게 하는 것은 쉬운 일이 아니었다. 아무리 의지를 굳건히 하여도 두려움마저 지울 수는 없었다. 하루는 감옥에서 꿈을 꾸었는데, 꿈속의 노인이 이런 말을 했다.

"자네는 마음을 움직이고 성질을 참아 내는 공부에 더욱 성의를 다해야겠네. 옛날 한나라 소무는 19년 동안 갇혀 있었는데, 자네는 19일 동안 감옥에 갇혀 있으면서 그토록 번뇌한단 말인가."

정약용이 꿈에서 깨고 보니 감옥에 갇힌 지 꼭 19일째 되는 날이었고, 그날에 풀려났다. 정약용은 이 꿈을 예사롭게 여기지 않았다. 후일에 유배 생활을 마치고 고향으로 돌아와 지난 세월을 짚어 보니 그의 유배 기간이 꼭 19년이었다.

대신들은 정약용의 무죄를 인정했지만 암행어사 시절 악연을 쌓았던 서용보가 끝까지 반대를 했다. 정약용과 정약전은 죽음을 면하기는 했지만 각각 장기현과 신지도로 유배를 가게 되었다.

유배지 장기에서

한강을 건너 사평에 이르자 정약용은 걸음을 멈추고 뒤를 돌아보았다. 눈물로 옷고름이 젖은 아내와 어린 자식들이 비통한 얼굴로 유배를 떠나는 아비를 보고 있었다. 집안의 어른들은 남대문

밖 석우촌에서 작별을 했고, 이제 한강 건너까지 배웅 나온 처자를 돌려보내야 할 때였다. 정약용은 흐느껴 우느라 들썩이는 아내의 어깨에 가만히 손을 얹었다. 언제 풀릴지 모르는 유배의 길을 앞장서서 꿋꿋이 걷긴 했지만, 그 또한 마음속으로는 눈물을 흘리고 있었다.

"아이들을 부탁하오."

그러고는 뒤를 돌아보지 않고 이내 걸었다. 떠나는 자의 모습이 굳건하지 않으면 남아 있는 자들이 더욱 괴로우리라 여겼기 때문이었다. 혹시라도 돌아보면 아내와 아이들의 모습이 눈에 밟혀 떠날 수 없을 것 같았다. 언제 다시 돌아올지 기약할 수 없는 길이었기에 정약용은 더욱 아련한 마음이었다.

유배지로 가는 도중 정약용은 하담의 선영에 들러 부모님 무덤에 하직 인사를 올렸다.

"아버님, 아십니까. 어머님, 아십니까. 가문이 갑자기 무너지고 죽은 자식 산 자식 이 꼴이 되었습니다. 남은 목숨 보전한다 해도 크게 이루기에는 이미 글렀습니다. 자식 낳아 부모님 기뻐하시고 부지런히 어루만져 길러 주셨지요. 하늘 같은 은혜를 갚아야 마땅하나 풀 베듯 쓰러질 줄을 어찌 알았겠습니까."

정약용은 부모님 무덤 앞에 엎드려 눈물을 쏟았다. 참고 참았던 눈물이었다. 처자식 앞에서는 보일 수 없는 눈물이었기에 부모님 앞에서 흘리는 눈물이 더 죄스럽고 비통했다. 집안은 쑥대밭이 되었고, 자식 중 두 아들은 유배를 떠나게 되었다. 가슴을 저미는 일은 셋째 형 약종의 죽음이었다. 병으로 앓다가 명을 다한 것이 아니요, 역모를 꾀하다가 죽임을 당한 것도 아니었다. 오직 가슴에 품은 신앙을 배반하지 못해 죽음을 택한 것이고, 당파 싸움에 희생된 억울한 목숨이었다. 그러나 정약용 자신에게는 형의 죽음을 막을 힘도 억울함을 밝힐 힘도 없었다.

3월 9일, 경상도 장기에 도착한 정약용은 성문 동쪽의 시냇가 거친 자갈밭에 있는 늙은 장교 성선봉의 집에 거처를 정했다. 장기에 머무는 동안 정약용은 맏형 정약현의 집에 붙인 편액에 기록할 글을 지었다. 자신의 일생을 돌아보는 글이었다.

나는 잘못을 간직했다가 나를 잃은 자다. 어렸을 때는 과거 급제가 좋아서 과거시험 공부에 빠진 것이 10년이었다. 마침내 조정에 나아가 검은 사모 쓰고 비단 도포 입고 대낮에 큰길을 뛰어다니기를 12년을 했다. 이제 처지가 바뀌어 한강을 건너고 조령을 넘어 친척과 선영을 버리고 아득한 바닷가의 대나무 숲에 와서야 멈추게 되었다.

지난 세월은 자신을 잃어버린 허망한 세월이었다. 그러나 유배지에 온 정약용은 낙담하지 않았다. 의금부에서 당한 고문으로 공포증이 생기고 몸을 꼿꼿이 세울 수 없을 정도로 병이 들었지만, 마음의 평정을 유지하고 정신을 가다듬었다. 누구도 들여다보지 않는 적막한 유배지에서 정약용의 유일한 벗은 학문이었다. 끊임 없이 공부하고 책을 저술하는 일은 정약용에게 크나큰 힘이 되었다. 장기에 머무는 7개월 동안 정약용은 고증학의 기초인 문자학과 성리설·예설에 관한 책을 저술했고, 제대로 된 의술의 혜택을 받지 못하고 오직 미신밖에 기댈 것이 없는 궁벽한 시골의 백성을 위해 의서를 저술해《촌병혹치》라는 이름을 붙였다.

두 번째 투옥 – 황사영 백서사건

1801년 10월, 신유교옥 때 체포되지 않고 제천에 숨어 있던 황사영이 체포되었다. 황사영이 체포되기 전 발각된 '백서' 때문에 조정은 이미 발칵 뒤집힌 상태였다. '백서' 란 비단에 쓴 글을 이르는 말인데, 황사영의 백서는 북경의 천주교 주교에게 보내는 장문의 편지였다. 거기에는 지난 신유교옥 때 희생당한 조선의 천주교도에 대해 자세히 기술한 보고문과 함께 중국과 서양의 도움을 받아 신앙의 자유를 얻을 수 있게 해 달라는 내용이 적혀 있었다. 황사영이 제시한 방안은 조정을 경악하게 했다. 조선을 청나라에 병합하거나 황실과의 결혼 등을 통해 실질적인 예속을 감행하자는 것과 군대와 대포 등을 실은 서양 군함을 동원하여 조정을 위협해 달라는 내용이 있었다. '백서'의 내용대로라면 황사영은 종교를 위해 나라를 배신한 대역죄인인 셈이었다.

황사영은 정약용의 맏형 정약현의 사위였다. 정약용의 인척에게서 이와 같은 일이 있었으니, 반대파들은 이를 정약용을 제거하는 방편으로 삼고자 했다. 홍낙안 등은 유배를 가 있는 정약용과 정약전이 '황사영 백서사건'과 연루되어 있을 것이라며 체포하여 국문을 해야 한다고 주장했다. 그리하여 정약용은 10월 20일에 장기에서 체포되어 다시 한양 의금부에 투옥되었다.

그러나 심문 결과 정약용과 정약전이 황사영의 백서사건과는 아무 관련이 없다는 사실이 밝혀졌다. 그럼에도 홍낙안과 이기경 등은 사교의 원흉인 정약용을 처벌해야 한다고 강력히 주장했다.

평생 동안 절친했던 정약용의 친구 윤영희는 정약용의 재판이 어떻게 진행되고 있는지 궁금해 이 사건을 맡고 있는 박장설을 찾아갔다. 그때 밖에서 시끄러운 소리가 났다. 하인이 홍낙안이 찾아왔음을 아뢰었다. 홍낙안은 정약용이라면 눈에 핏발을 세우고 제거하려는 인물이었으므로 윤영희는 옆방으로 피해 들어갔다. 집 안으로 들어온 홍낙안이 버럭 큰 소리를 질렀다.

"천 사람을 죽여도 정약용 한 사람을 죽이지 못하면 아무도 죽이지 않는 것만 못할 것이오! 그대는 어찌 힘쓰지 않는 거요!"

이 말을 들은 윤영희는 가슴이 철렁 내려앉았다. 애초부터 옳고 그림이나 사건의 연루 사실 여부를 확인하기 위한 국문이 아니었던 것이다. 그들이 원하는 것은 정약용이 황사영과 내통했다는 사실을 밝혀내는 데 있는 것이 아니라 정약용의 목숨을 끊는 데 있었다.

"그 사람이 스스로 죽지 않는데, 내가 어떻게 그를 죽이겠소."

박장설이 맞받아쳤다. 박장설은 홍낙안·이기경과 함께 천주학에 반대하는 공서파의 한 사람이었지만, 그는 이번 일이 정약용에게 누명을 씌우기 위한 일임을 알고 있었다. 홍낙안이 돌아가자 박장설이 윤영희에게 털어놓았다.

"홍낙안 그 사람 참으로 답답합니다. 죽여서는 안 될 사람을 죽이려고 하다니 말이 되지 않습니다."

윤영희는 여러 사람이 정약용 한 사람을 죽이기 위해서 저토록 혈안이 되어 일을 꾸민다면 정약용의 목숨은 이미 죽은 것이나 다름없다고 판단했다. 그러나 뜻밖에도 황해도 관찰사로 나갔다가 한양으로 온 정일환이 정약용을 두둔했다.

"정약용은 곡산 시절에 선정을 베풀었던 목민관이었습니다. 곡산의 백성 사이에선 그에 대한 칭송이 아직까지 자자합니다. 확실하지 않은 근거로 정약용을 죽음으로 몰아넣는다면 이는 사리에 맞지 않는 일입니다. 더구나 죄인 황사영이 거론하지 않는 인물을 체포하여 국문에 부친다는 것 또한 법도에 맞지 않는 일입니다."

정일환은 마지막으로 홍낙안과 이기경 같은 인물이 아무리 정약용의 목숨을 원하더라도 그 주장을 따르는 일을 해서는 안 된다고 거듭 강조했다.

그해 11월 5일, 정약전은 나주 흑산도로 유배되고 정약용은 강진으로 유배 판정을 받았다. 두 번째 유배는 길고 길었다. 두 사람에게는 목숨을 부지할 수 있었다는 것만도 기적에 가까울 만큼 정국이 위태로웠다. 비록 외부와 단절된 채 주위 사람들의 모멸을 받는 유배객이 되었지만, 정약용의 인생에서 학문적으로 중요한 의미를 갖는 시기이기도 했다.

밤남정의 밤

동작나루의 밤은 칠흑 같이 검었다. 성긴 별 가운데 눈썹처럼 여윈 달이 걸려 있었다. 한양을 떠나는 정약용의 마음처럼 달빛은 어슴푸레하니 흐렸다. 벼린 칼날처럼 날을 세운 바람이 나루터를 쓸며 지나갔다. 정약용은 뒤를 돌아봤다. 어둠에 물든 채 우뚝 선 남산 위로 꼬리별 하나가 검은 하늘에 선을 그으며 떨어졌다. 푸른 꿈을 안고 한양에 입성한 지 30년이 넘었다. 우뚝 솟은 남산을 바라보며 앞으로 펼쳐질 새로운 세계에 가슴이 울렁이던 젊은 시절을 떠올리니 정약용은 가슴이 쓰라렸다.

'이제 저 남산과 이별하면 언제나 다시 볼 수 있을까.'

유배지는 이 땅의 가장 끝. 그곳에서 남은 생을 보내게 될 것이다. 가문은 역적으로 몰려 멸문에 이르렀고, 이제 정약용에게는 정조와 같은 든든한 울타리도 채제공과 같은 버팀목도 없었다. 가까운 친척과 친구들은 천주교 사건에 연루되어 화를 입었고, 세상의 사람들은 모두 등을 돌렸는데, 누가 유배를 풀어 달라고 조정에 청이라도 넣어 주겠는가.

정약용의 마음을 헤아렸는지 함께 유배 길에 오른 정약전이 정약용의 손을 잡아 주었다. 추위 때문에 곱은 손이었지만, 마음은 이내 따뜻해졌다. 그나마 둘째 형님이라도 살아남은 것이 다행이라고 여기며 정약용은 정약전의 손을 맞잡았다.

"이 술 한 잔 받으시게."

정약전이 정약용에게 술잔을 내밀었다. 가득 채워진 탁주가 넘칠 듯 출렁거렸다. 정약용은 잔을 받아 술을 마셨다. 뜨거운 것이 술과 함께 가슴을 타고 내려갔다. 나주의 허름한 주막 밤남정의 밤. 열흘 동안은 약전과 동행하여 유배의 시름도 잠시 잊을 수 있었는데, 이곳에서 이 밤을 지내고 나면 둘째 형 약전과도 이별이었다. 이제 헤어지면 언제나 다시 만날지, 기약을 할 수 없는 이별이었기에 정약용은 마음이 아팠다. 참았던 눈물이 볼을 타고 흘렀다. 볼을 쓸어 눈물을 닦아 주는 정약전의 얼굴도 눈물로 얼룩져 있었다. 생목숨을 끊어 버리고 하늘이 내린 형제의 인연마저도 갈라놓는 현실이 한없이 안타까웠다.

> 초가 주막 새벽 등불 푸르스름하니 꺼지려는데
> 일어나 샛별 보니 헤어질 일 참담하구나.
> 묵묵히 마주 보며 둘이서 말이 없고
> 목청을 가다듬으려니 목이 메어 울음 쏟아지네.
> 흑산도 아득한 곳 바다와 하늘뿐인데
> 형님께서 어찌 그 속으로 가시려오.

약전이 유배 가게 된 흑산도는 멀고도 먼 곳이었다. 뱃길이 험하고 지네와 독사가 많아 위험한 곳. 아득하고 멀어서 흑산이라는 이름조차 두렵게 느껴지는 곳이었다. 그 먼 곳으로 어찌 가시려는지. 살아서 다시 만날 수나 있을는지. 정약용은 하늘을 올려다봤다. 아쉬운 마음을 아는지 모르는지 별의 자리는 성큼성큼 물러나고 있었다. 마지막일지도 모르는 만남이 애틋해 눈물 속에 잔을 주고받는 사이 밤남정의 밤은 깊어만 갔다.

고독한 유배 생활

1801년 11월 말, 정약용은 유배지 강진에 도착했다. 강진 사람들은 유배된 죄인은 싫어하여 죄인이 있는 집 대문을 부수거나 담장을 무너뜨리고 달아나기도 했다. 아무도 정약용을 받아들이려 하지 않았는데, 동문 밖에서 주막을 하는 한 노파가 정약용의 처지를 불쌍히 여겨 자기 집에서 살도록 해 주었다.

주막은 여러 사람이 들고 나는 곳이라 늘 어수선했고, 정약용이 머무는 거처는 비좁고 초라했지만, 정약용은 마음을 가다듬고 독서와 학문을 연구하는 일에 몰두했다. 힘들고 비참한 처지를 잊게 하는 것은 오직 공부밖에 없었다. 누구 하나 따뜻한 마음으로 들여다보는 사람이 없었고, 주위에는 그를 경계하여 감시하는 눈만이 차가웠다. 심지어 강진 현감은 정약용이 임금을 원망한다며 근거 없는 말을 퍼트리기도 했다.

유일한 말 상대는 주막의 노파였다. 연민으로 정약용을 받아들이기는 했으나 경계를 풀지 않던 노파가 차츰 정약용의 인품과 학식을 알아보고 말을 붙여 왔다.

"부모님의 은혜는 다 같지만 어머니는 자식을 키우느라 더욱 수고가 많은데, 어찌하여 성인의 가르침에는 아버지를 무겁게 여기고 어머니를 가볍게 여겨, 아버지의 성을 따르게 하고 어머니를 낮추는 것입니까?"

노파는 평소에 궁금하게 여겼던 것들을 정약용에게 물어보고는 했다.

"옛 책을 보면 '아버지는 나를 낳아 준 시초다' 라고 했소. 키워 주신 어머니의 은혜가 비록 깊지만 생명의 시작은 아버지로 인한 것이니, 아버지의 은혜가 더욱 무거운 것 아니겠소."

정약용은 옛 책의 말을 인용하여 설명했다. 그러나 노파는 여전히 고개를 갸우뚱했다.

"말씀이 미흡한 듯합니다. 풀과 나무에 비교하면 아버지는 씨앗이고 어머니는 흙입니다. 씨앗이 땅에 떨어지는 것은 작은 일이지만 흙이 길러 내는 공은 지극히 큽니다. 그러나 밤톨은 밤이 되고 볍씨는 벼가 되니, 그 몸을 키워 내는 것은 모두 흙의 기운이지만, 종류가 나누어지는 것은 모두 씨앗을 따릅니다. 옛 성인이 가르침을 세우고 예법을 정한 것이 혹 이로 말미암은 것이 아닌지요."

정약용은 깜짝 놀라 노파의 얼굴을 들여다보았다. 비천한 신분으로 평생을 뭇 사람들의 술상을 보고 밥시중을 드느라 주름이 지고 낯빛이 거친 평범한 노파의 얼굴이었다. 노파의 질문은 사소한 것이지만 예법이 걸려 있는 중대한 문제이기도 했다. 정약용은 옛 책을 근거로 그저 추상적인 답변만을 했을 뿐인데, 노파의 비유는 지혜롭고 구체적이어서 오히려 근본에 닿아 있었다.

'평생 밥을 파는 노인에게 어찌 미묘한 지혜가 있단 말인가.'

정약용은 감탄하고 또 감탄했다. 지혜라는 것은 멀리 있는 것이 아니었다. 성현의 책 속에서 잠자고 있는 것만이 지혜는 아니었다.

저자의 거리에서 평생 거친 삶을 산 노파이기에 손끝에 와 닿을 듯 적실한 삶의 깨달음이 있는 것이었다.

이듬해에는 큰아들 정학연이 유배지로 찾아왔다. 정약용은 반가운 마음으로 아들을 맞았지만, 학연의 표정은 어두웠다.

"어찌 네 얼굴에 근심이 가득한 것이냐?"

"아버님, 지난겨울에 막내 농장이 죽었습니다."

"무슨 변고로 그리 되었느냐?"

"천연두를 앓다가 죽었습니다."

"아비의 정도 받지 못하고 자란 불쌍한 아이가 어찌 그리도 빨리 갔단 말이냐……."

"어린 나이에 아버님과 이별했지만 농장은 늘 아버님을 그리워했습니다. 한번은 강진에서 온 사람이 소라껍데기를 주자 늘 가슴에 품고 다니며 귀에 대 보았습니다. 아버님께서 계신 곳의 소리가 들린다면서요. 병으로 누워 있으면서는 '아버지가 나에게 돌아와 주셔도 발진이 나고 아버지가 돌아와 주셔도 마마에 걸렸을까?' 하며 눈물지었습니다."

정약용은 가슴이 턱 메어 왔다. 정약용이 곁을 지켰다 한들 스러져 가는 어린 목숨을 위해 해 줄 수 있는 것이 없었을 테지만, 의지할 곳 없이 죽어 간 어린 아들의 마음이 정약용의 가슴에 사무쳤다. 정약용은 슬하에 6남 3녀를 두었으나 그중 여섯 명의 자식을 어려서 잃었다. 태어나자마자 죽거나 어릴 때 역병이나 마마에 걸려 죽은 아이들이었다. 막내 농장은 유배 와 있는 동안에 죽은 아들이어서 마음이 더 아팠다. 아명을 농장(農牂)이라고 지은 것은 가문이 기울어 고향 집에 돌아왔을 때 태어난 아이이므로 농사만이 그 아이를 살릴 수 있는 일이라고 생각했기 때문이다. 양반의 가문에 태어나서 학문을 닦아 문관으로 나아가지 못하는 것은 가슴 아픈 일이었지만, 그래도 농사를 지으면서 살아 있는 것이 죽는 일보다 낫다고 생각해 지어 준 이름이었다. 그랬던 아이가 세상이 무엇인지도 모를 어린 나이에 죽은 것이다. 그것도 태어나 1년을 함께 살고 2년을 헤어진 채 살다가 죽었으니, 아버지의 얼굴도 알지 못하고, 정조차 받지 못한 채 마감한 어린 목숨이 정약용은 가슴 저미도록 애틋했다.

유배지에서 두 아들에게 보낸 편지

새해가 밝았구나. 군자는 새해를 맞으면서 반드시 마음가짐이나 행동을 새롭게 하려고 한다. 나는 예전에 새해를 맞을 때마다 1년 동안 공부할 것을 미리 계획하여, 무슨 책을 읽고 어떤 글을 뽑아 적을 것인지 마음에 새겨 두고 꼭 그렇게 실천했었다.

　내가 지금까지 편지로 너희 공부에 대해서 수없이 권했는데, 너희는
아직도 경전이나 예악에 관해 하나도 질문을 해 오지 않고 역사책에 관
한 논의도 보여 주지 않고 있으니 어찌된 일이냐. 마음에 조그만 성의라
도 있다면 비록 난리 속이라도 반드시 나아갈 곳이 있는 법이다. 집에
책이 없느냐? 몸에 재주가 없느냐? 어째서 스스로 포기하려 하느냐?

　벼슬길이 막혀 버린 폐족이라서 그러느냐? 너희 처지가 비록 벼슬
길은 막혔어도 성인이 되는 길은 막히지 않았다. 문장가가 되는 길이
나 지식과 이치에 통달한 선비가 되는 길은 막히지 않았다. 막히지 않

앉을 뿐만 아니라 과거 공부하는 사람들이 빠지는 잘못에서 벗어날 수 있어서 크게 낫기도 한 것이다.

빈곤하여 가난의 어려움을 겪으면 마음과 뜻이 단련되고, 생각과 지혜를 넓힐 수 있어 인정이나 사물의 진실과 거짓의 모습을 두루 알 수 있게 된다. 성호 이익 선생께서도 화를 당한 집안에서 이름난 학자가 되었으니, 고관대작 집안의 자제들이 미칠 수 없는 훌륭한 업적을 남겼다는 것을 너희도 일찍부터 들어왔을 것이다.

폐족에서 재주 있는 걸출한 선비가 많이 나오는 것은, 하늘이 재주 있는 사람을 폐족에게만 태어나게 한 것이 아니라 부귀영화를 얻으려는 마음이 근본정신을 가리지 않아 깨끗한 마음으로 독서하고 궁리하며 진면목과 바른 뼈대를 얻을 수 있기 때문이다.

세상에서 비스듬히 드러눕거나 비뚤게 서고, 상소리를 내뱉으며 어지러운 것을 보면서 경건한 마음을 가질 수 있는 사람은 없다. 때문에 몸을 움직이는 것, 말을 하는 것, 얼굴빛을 바르게 하는 것, 이 세 가지는 학문을 하는 데 가장 우선적으로 마음을 기울여야 할 점이다.

이후로는 착한 마음을 불러일으키는 성의(誠意) 공부를 해야 한다. 성의 공부는 마땅히 거짓말하지 않는 일부터 노력해야 한다. 한 마디 거짓말이 세상에서 가장 악하고 큰 죄가 되는 것이니 거짓말을 하지 않는 것이 성의 공부에서 머리가 될 곳이다.

무릇 독서하고 행실을 닦으며 집안일을 다스릴 때에는 한결같이 거기에 전념해야 한다. 정신력이 없으면 아무 일도 되지 않는다. 정신력이 있어야만 근면함과 민첩함이 생기고, 지혜도 생겨서 업적을 세울 수 있다. 참으로 마음을 견고하게 잘 세워 똑바로 앞을 향해 나아간다면 태산이라도 옮길 수 있다.

헛되이 그냥 읽기만 하는 것은 하루에 천 번 백 번을 읽더라도 오히려 읽지 않은 것과 같다. 독서하는 도중에 한 자라도 모르는 것이 나오면 널리 고찰하고 세밀하게 연구하여 그 근본 뿌리를 깨달아 글 전체를 이해할 수 있어야 한다. 날마다 이런 식으로 책을 읽는다면 한 가지 책을 읽더라도 수백 가지 책을 엿보는 것이다. 이렇게 읽어야 책의 의미를 훤히 꿰뚫어 알 수 있으니, 이 점을 꼭 알아야 한다.

절대로 술을 가까이하지 말아라. 술의 참맛은 입술을 적시는 데 있다. 소처럼 마시는 사람들은 입술과 혀를 적시기도 전에 직접 목구멍으로 넣는데 그래서야 무슨 맛이 나겠느냐. 술을 마시는 정취는 살짝 취하는 데 있는 것이지 얼굴이 붉은 귀신처럼 되고 토악질을 하고 잠에 곯아떨어져 버린다면 무슨 정취가 있겠느냐. 술로 인한 병은 등에서도 나고 뇌에서도 나며 장에 종양이 생기기도 하며 황달이 되기도 한다. 바라고 바라니 입에서 딱 끊고 마시지 말아라.

너희는 또한 어머니를 잘 보살펴 드려야 한다. 새벽이나 늦은 밤 겨울에는 방이 따뜻한지, 여름에는 시원한지 항상 점검하여라. 두 아들이 효자가 되고 두 며느리가 효부가 된다면 나는 유배지 강진에서 늙는다 해도 도리어 유감이 없겠다. 힘써 효도하여라.

학문의 산실, 다산초당

유배객을 배척하던 강진의 사람들도 정약용의 학문의 깊이와 성품에 감화되어 점차 마음을 열기 시작했다. 처음으로 가르침을 청한 것은 강진의 아전 자제들이었다.

"나는 나라에서 유배를 보낸 죄인일세. 유배객에게 글을 배우는 것은 자네들에게 좋지 않을 수도 있네."

"부디 저희들을 제자로 거두어 주십시오. 이곳은 궁벽한 시골이라 학문을 배울 만한 사람이 없습니다. 게다가 저희는 모두 천한 신분이니 더 이상 잃을 것이 없습니다. 이렇게 부탁드립니다."

시골에서 배움의 혜택을 받지 못하는 젊은이들을 가르치는 것은 보람 있는 일이었다. 정약용은 신분을 가리지 않고 배움을 청하는 이들에게 가르침을 주었다. 후에 황상과 황취, 이청 등은 아전 집안의 신분이었음에도 정약용에게 글을 배우고 삶의 큰 가르침을 받아 당대의 석학으로 성장하게 되었다.

정약용은 강진의 항촌에 사는 부호 윤광택에게 큰 도움을 받았다. 윤광택은 아버지 정재원의 친구로 의협심이 있고 도량이 큰 사람이었다. 아버지들 간의 교유로 윤광택의 아들 서유와도 친분을

쌓았다. 이때의 인연으로 정약용은 외동딸을 윤서유의 아들 창모
에게 시집보내 두 집안은 사돈을 맺었다.

　세월이 지나 다산에 대한 감시가 점차 풀리면서 항촌의 윤씨 일
가와도 친분을 나누고 해남에 사는 외가 쪽의 사람들과도 왕래하

기 시작했다. 그들의 도움은 외롭고 힘든 유배 생활을 하는 정약용
에게 더없이 큰 힘이 되었다.

　1808년, 정약용이 마흔일곱이 되던 해에 거처를 다산초당으로
옮겼다. 정약용은 다산초당의 풍경 하나하나에 세심한 애정을 쏟

았다. 담을 스치고 있는 작은 복숭아나무나 문밭에 부딪치는 버들개지, 아름다운 바위에 얽혀 있는 단풍나무, 못에 비친 국화꽃. 이 모든 것들이 정약용이 아끼고 사랑한 자연이었다.

마당에 연못을 파고 꽃과 나무를 심었다. 그는 채마밭에 각종 채소를 심고 정성껏 키우는 일을 게을리 하지 않았다. 정약용이 무엇보다 아낀 것은 200여 권 가까운 초당 주인 윤단의 서적이었다. 아쉬운 대로 어느 정도의 장서를 갖출 수 있었기에 정약용은 변함없이 학문을 연마할 수 있었다. 다산초당은 독서와 저술에 힘쓸 수 있는 아늑한 거처였고, 잠시나마 마음 편히 쉴 수 있는 아늑한 휴식처였다.

시대의 아픔을 함께하는 시

정약용은 책을 읽는 데 게을리 하지 않고, 부지런히 학문을 연구하면서 시 짓는 일도 소홀히 하지 않았다. 그는 자연의 아름다움을 노래하는 시뿐만 아니라, 백성의 삶과 고통을 담아내는 시를 지었다.

"나라를 근심하지 않는 시는 시가 아니며, 시대를 아파하고 세속에 분개하지 않는 시는 시가 아니며, 아름다운 것을 아름답다고 하고 미운 것을 밉다고 하며, 착한 것을 권하고 악을 징계하는 뜻이 담겨 있지 않는 시는 시가 아니다."

정약용은 제자들에게 참된 시에 대하여 말했다. 정약용에게 있어 시란 그런 것이었다. 시대의 아픔을 담아내고 생생한 현실에 기반을 두었을 때 진정한 시가 될 수 있다고 생각했다.

정약용은 강진에서 유배 생활을 하는 동안 백성의 삶과 애환을 시에 담아냈다. 당시에 백성은 고된 노동에 시달리면서도 관리들의 착취 때문에 이중으로 고통을 겪어야 했다. 죽은 아버지와 갓 낳은 자식까지 군적에 올려 세금을 걷어 가는 군정의 문란이 특히 심했다.

"스승님, 관아에서 참혹한 소식을 들었습니다. 강진의 갈밭 마을에 사는 한 백성이 아이를 낳은 지 사흘 만에 군적에 등록되자 이정에게 억울함을 호소했습니다. 그런데 그 이정이라는 놈이 오히려 을러대며 소를 빼앗아 갔다고 합니다."

"저런, 관리들의 폭정이 날로 심해지는구나."

"정말로 끔찍한 일은 그 후에 일어났습니다. 남편이 칼을 들고 방으로 뛰어 들어가기에 그 아내가 허겁지겁 뒤따라 들어갔답니다. 남편은 칼을 뽑아 생식기를 자르면서 내가 이것 때문에 불운을 당한다고 말했다는군요."

"부부가 살면서 아이가 생기는 것은 자연의 이치니 어찌 막을 수 있겠느냐. 낳은 아이마다 군적에 올리니 그렇게 해서라도 살길을 찾으려는 백성의 삶이 가련하고 참혹하구나."

"그 아내가 억울함을 호소하려고 생식기를 관아에 가지고 가니 피가 아직 뚝뚝 떨어지는데, 울며 하소연해도 문지기가 가로막고 관아에서 내쫓았다고 합니다."

정약용은 이 이야기를 듣고 울분을 담아 〈애절양〉이라는 시를 썼다.

갈밭 마을 젊은 여인 울음도 서럽구나

관아를 향해 울부짖다 하늘 보고 통곡하네

징발당한 사내 못 돌아옴은 일찍부터 있었지만

남절양(생식기를 자르는 것)은 들어 보지 못했다네

시아버지 죽어서 이미 상복 입었고

갓난아인 배냇물도 떼지 못했건만

삼대의 이름이 군적에 올랐구나

달려가 호소하려 해도 관아의 문지기 호랑이 같은데

이정이 호통하며 소마저 끌고 가네

남편이 문득 칼을 갈아 방 안으로 뛰어드니 자리에 선혈이 낭자한데

스스로 탄식하길 "아이 낳은 죄로구나."

생식기를 자르는 형벌도 지나친 형벌이고,

민땅의 거세풍속도 애처로운데

자식 낳고 사는 것은 하늘의 이치여서

하늘의 도는 아들 낳고 땅의 도는 딸 낳는다

말 돼지 거세함도 오히려 가여운데

하물며 후손 이루려는 사람에게 있어서랴

권세가들은 평생 동안 풍악이나 즐기면서

쌀 한 톨, 베 한 치도 바치지 않는구나

모두 같은 나라의 백성이건만 어찌 넉넉하고 모자람이 이리 고르지
못한가

내 시름겨워 객창에 홀로 앉아 시구편을 읊노라

이 시에는 가혹한 군정에 신음하는 백성의 모습이 생생하게 담
겨 있다. 정약용은 부귀를 누리면서 세금을 내지 않는 권세가들의
모습과 세금 때문에 생식기를 자를 수밖에 없었던 백성의 비참한
삶을 대조하여 시에 담았다. 불의를 보고도 시정할 수 없는 유배객
의 처지였으나 이 일을 시로 남겨 백성들의 혹독한 삶을 알리고자
했다.

위대한 학문을 이룩하다

18년간의 강진 유배 생활은 정약용의 인생에서 값진 기간이었
다. 고통스럽고 비참한 유배 생활이었지만, 이 시기에 위대한 학문
을 완성했다. 정약용은 유배 초기부터 곧바로 책을 쓰는 일에 힘을

쏟았다. 붓과 벼루만을 곁에 두고 새벽부터 밤까지 쉬지 않았다. 때문에 어깨가 마비되고 시력이 아주 나빠져 오직 안경에만 의지하게 되었다고 하니, 그의 학문적 열정이 어느 정도였는지 짐작할 수 있다.

정약용이 처음으로 연구한 것은 《예기》였다. 주로 상례(喪禮)에 관한 것이었는데, 의금부에서 국문을 당하면서 두 차례나 죽음이 임박했기 때문에 죽음에 관한 법도에 관심이 남달랐다. 정약용은 정치적으로 공격을 받을 때마다 《예기》를 공부했다. 공격의 빌미가 된 것은 천주학이었는데, 그는 스스로 유학의 근간인 《예기》를 연구함으로써 천주학에 대한 혐의를 부정했고, 유학자로서의 면모를 굳건히 지켰다. 강진에서 가장 먼저 저술한 책은 《예기》 〈단궁〉 편의 옛 주석에서 잘못된 것을 바로잡은 《단궁잠오》 6권이었다. 이러한 상례에 대한 연구는 1811년 《상례사전》 50권과 《상례외편》 12권으로 결실을 맺었다.

1803년부터는 《주역》 연구를 시작했다. 옛 상례의 증거를 찾아 《춘추》를 읽게 되었고, 《춘추》를 읽다가 춘추시대의 관점 방법을 연구하면서 의문이 풀리지 않아 모든 것을 덮어두고 《주역》 연구에 몰두하게 되었다. 이듬해 여름부터는 《주역사전》을 저술하기 시작했는데, 후일에 계속된 수정 작업을 거쳐 24권의 《주역사전》을 완성했다. 《주역》을 통해 그가 깨달은 것은 운명이었다. 그 자신이 겪은 사회적 공명과 두 번의 죽음 위기까지 갔다가 살아남은 경험으로 현실 세계의 무상함과 생의 격변을 '운명' 의 법칙으로 이해하고 《주역》 연구에 몰두했다.

《여유당전서》라는 이름으로 전해지는 정약용의 저서는 500여 권에 달했다. 방대한 저술 중에는 국가의 경영 제도를 체계적으로 서술한 《경세유표》 48권과 목민관의 자세와 실무에 대해 상세하게 기록한 《목민심서》 48권 등이 있다.

아내에 대한 애틋한 마음

정약용은 젊은 날의 대부분을 아내와 떨어져 지내야 했다. 워낙에 금실이 좋았던 사이라 헤어져 지내야 하는 애틋함도 더했다. 한번은 아내 홍씨가 시집올 때 입었던 다홍치마를 보내왔다. 남편이 저술한 책의 표지로 쓰라고 보내온 것이었다. 명목은 책의 표지로 쓰라는 것이었지만, 신혼의 살뜰한 추억이 담겨 있는 치마를 보내며 남편에 대한 그리움을 함께 실어 보낸 것이었다.

정약용은 아내의 치마를 작게 잘라 《하피첩》이라는 작은 책자 네 개를 만들어 두 아들에게 주었다. 그리고 남은 조각을 잘 간직했다가 딸이 시집갈 때 시를 적고 매화 가지에 새 한 쌍이 앉은 그림을 그려 딸에게 선물했다.

오락가락 날던 새가

우리 뜨락 매화 가지에 쉬네

매화 향기 짙으니

즐겨 날아왔구나

여기 머물고 여기 깃들어

너의 보금자리 즐기는구나

꽃도 이미 한창이니

그 열매 탐스러우리라

비록 유배를 와서 머나먼 곳에서 떨어져 지냈지만, 아내를 사랑하고 자식들을 생각하는 마음은 여느 남편과 아버지에 뒤지지 않았다. 조선시대의 가장들은 아내나 아이들에 대한 사랑을 겉으로 표 내는 것을 점잖지 못한 일이라 하여 꺼렸지만, 정약용은 사랑을 표현하는 것을 아끼지 않았다. 정약용은 편지로나마 자식 교육에 소홀히 하지 않았고, 자식들에게 늘 남편과 헤어져 병든 어머니를 잘 보살피라고 일렀다.

정약전의 죽음

정약용은 유배지에서 지내는 동안 풀려날 기회가 몇 번 있었다.

유배 온 지 2년 후인 1803년에 정순왕후가 특명을 내려 석방하려 했으나, 평생의 악연 서용보가 끝까지 반대하여 풀려나지 못했다.

1810년에는 큰아들 학연이 순조가 정조의 능에 가는 길에 징을 쳐서 억울함을 호소했고, 이에 정약용을 고향으로 돌려보내도록 임금의 명령이 떨어졌지만, 홍명주와 이기경이 반대하여 무산되었다. 큰아들 학연은 이때마다 아버지를 위해 온 힘을 다했지만, 정약용은 아들에게 억울함을 호소하지 말고 차분히 기다리라고 말했다. 동정에 기대어 비루해지는 것보다 지조를 잃지 않는 유배 생활이 더 낫다고 여겼다.

1814년에는 사헌부에서 죄인의 명단에서 정약용의 이름을 삭제하도록 요구하여 의금부에서 석방을 하라는 공문을 내렸으나 강준흠과 이기경이 강력하게 반대하여 일이 무산되고 말았다. 반대파의 저지에도 불구하고 유배지에서 풀려날 분위기가 무르익고 있었다. 본래가 죄 없이 떠난 유배살이였다.

이 소식을 들은 정약전은 동생이 유배에서 풀려나 자신을 찾아와 줄 날만을 손꼽아 기다렸다. 정약전은 동생이 들어오기 쉽도록 소흑산으로 거처를 옮겼다. 소흑산으로 떠나던 날 흑산도의 백성들이 모두 나와 엎드려 뱃길을 막았다.

"나리께서 떠나시면 미천한 저희 자식놈들에게 누구 가르침을 주겠습니까. 나리 제발 흑산도를 떠나지 마십시오."

정약전은 양반이라고 교만을 부리지 않았다. 그는 늘 비천한 어부들과 함께 고깃배를 타고 백성과 함께 어울리기를 즐겼다. 정약전이 먼저 소탈하게 대했으므로 흑산도의 백성도 모든 사람들이 가까이하길 꺼려하는 유배객을 공경했고, 서로 자기 집에서 머물러 달라고 할 정도로 정약전을 따랐다.

"유배에서 풀릴 날이 멀지 않은 듯합니다. 곧 동생 약용이 찾아올 터인데, 험한 뱃길에 고생할 것이 염려됩니다. 소흑산으로 동생을 마중하러 가는 것이니 잡지 말아 주십시오."

정약전이 흑산도의 백성들에게 정중하게 청했다. 사정을 들은 백성들은 더는 막지 못했다. 흑산도의 사람들은 정약전이 타고 있는 배를 향해 큰절을 올리며 이별의 아쉬움을 대신했다.

정약전은 정약용처럼 학문에만 몰두하지 않고 어부들과 함께하는 생활을 즐겼다. 그 결과로 나온 것이 우리나라 최초의 수산학서인 《자산어보》다. 흑산도 근처의 수산생물을 관찰하고 채집하여 종류와 습성, 모양에 대해 그림을 그리고 상세한 설명을 붙인 책으로, 실학자로서의 정약전의 면모를 엿볼 수 있다.

정약전은 흑산(黑山)이라는 말을 두려워하여 현산(玄山) 또는 자산(玆山)이라는 말을 사용했다. 한양이나 고향으로 돌아갈 수 없다고 판단하여 주민들과 어울리며 유배 생활에 정착했지만, 사방이 바다로 막혀 있는 흑산도 유배에 대한 두려움이 어느 정도였는지를 짐작할 수 있다.

해배(解配)가 늦어지는 동안 정약전은 흑산도에서 병으로 사망했다. 유배 16년 만에 아우를 만나 보지 못한 한을 품은 채 세상을 떠난 것이다. 정약용은 안타까운 형의 소식을 전해 듣고도 장례식조차 참석할 수 없었다. 유배를 당한 신세였으므로 강진 땅을 떠날수 없었기 때문이다.

정약용은 아들에게 보낸 편지에서 형을 잃은 슬픔을 전했다.

아아, 어진 분이 그렇게 곤궁하게 세상을 떠나시다니, 원통한 죽음앞에 목석도 눈물을 흘릴 텐데 더 말해 무엇하겠느냐. 외로운 천지 사이에 우리 손암(정약전) 선생만이 나의 지기였는데, 이제는 그분마저잃고 말았구나. 앞으로는 비록 깨달은 것이 있다 하더라도 누구에게입을 열어 말하겠느냐. 사람은 자기를 알아주는 이가 없다면 죽는 것만 못하다. 아내가 나를 알아주지 않고 자식도 나를 알아주지 않고 형제들이 모두 나를 알아주지 않는 처지에 나를 알아주는 형님이 돌아가셨으니 어찌 슬프지 않겠느냐. 경집 240권을 새로 장정해 책상 위에두었는데, 이 저술을 모두 불사르지 않을 수 없겠구나.

지음(知音)이라는 말이 있다. 거문고의 명인 백아가 자기의 소리를 잘 이해해 준 벗 종자기가 죽자 자신의 거문고 소리를 알아

주는 이가 없다고 하여 거문고 줄을 끊었다는 데서 유래하는 말로 마음이 서로 통하는 벗을 이르는 말이다. 정약용에게 정약전은 피와 살을 나눈 형제였고, 세상에 오직 자신을 알아주는 훌륭한 벗이었다. 그런 형이 죽었으니, 형에게 보여 주려고 준비한 경집 240여 권도 아무 소용없으리라는 정약용의 말에서 형을 잃은 슬픔이 묻어 나온다. 더구나 유배를 떠나던 길 밤남정에서의 밤을 마지막으로 그립고 그립던 동생의 얼굴을 한번 보지도 못한 채, 사방이 바다로 막힌 섬에서 외로이 죽음을 맞았으니 정약용의 슬픔은 더욱 깊었다.

노년의 생을 정리하다

창호지를 바른 창 위로 새벽의 푸른빛이 스며들었다. 새로 꽂은 초는 어느새 다 타고 짧은 심지를 둘러싼 촛농이 녹으면서 마지막 불꽃이 스러졌다. 정약용은 붓을 놓았다. 지나온 생의 기록을 마치고 나자 잊고 있었던 피로감이 일시에 몰려왔다. 정약용은 새벽의 미명 속에서 눈을 감았다. 그는 감은 눈 속으로 펼쳐지는 마음의 영상을 응시했다. 그의 마음 깊숙이 어질 인(仁) 자가 새겨졌다.

인은 효제의 근본이며, 효제(孝悌)는 유학의 근본사상이다. 조선의 성리학자들은 인을 일컬어 '마음의 덕이요, 사랑의 이치다'라고 했던 주희의 해석을 따랐다. 그러나 정약용의 마음속에 새겨진 인이라는 글자는 머릿속에서만 맴도는 추상적인 개념이 아니었다.

"어질 인이라는 글자는 두 사람을 뜻한다. 효로 아버지를 섬기면 인이다. 형을 공손하게 섬기면 인이다. 충성된 마음으로 임금을 섬기면 인이다. 벗과 믿음으로 사귀면 인이다. 자애롭게 백성을 다스리면 인이다. 인은 사람(人)과 사람(人)을 합한 글자다. 사람과 사람이 만나 실천하는 것이 곧 인이다. 학문이 사변적인 말장난에 빠져 현실을 소홀히 해서는 안 된다. 임금이 백성을 지극한 사랑으로 보살피고, 관리가 백성을 보살피는 데 있어서 가족을 보살피는 것과 같이 하며, 백성이 임금에게 충성스런 마음을 다할 때, 인이 완성된다. 한 사람이 다른 사람을 업고 갈 때, 자기를 버리고 남을 사랑할 때 비로소 인이 완성된다."

1818년 쉰일곱의 나이에 유배지에서 풀려나 고향으로 돌아온 뒤, 정약용은 여전히 저술에 힘썼다. 이전의 저술을 수정하고 보완하며 정리하는 데에 힘을 쏟았다. 《흠흠신서》 30권을 저술하여 《경세유표》, 《목민심서》와 더불어 경세론 3부작을 완성했다.

1836년 2월 22일은 정약용이 부인과 혼인한 지 60주년이 되는 회혼일(回婚日)이었다. 친척들과 자손들이 이날을 축하하기 위해 한자리에 모였다. 정약용은 회혼일을 맞은 감회를 한 편의 시로 남겼다.

　　육십 년 풍상의 세월이 순식간에 흘러갔으나
　　복사꽃 화사한 봄빛은 신혼 시절 같구려
　　살아 이별 죽어 이별로 늙음을 재촉했건만
　　슬픔 짧고 기쁨 길어 임금님 은혜에 감격하네
　　이 밤 목란사(木蘭詞) 읽는 소리 더욱 정답고
　　그 옛날 다홍치마엔 먹 흔적 아직 남았다오
　　쪼개졌다 다시 합한 것 참으로 우리 모습이니
　　표주박 한 쌍을 남겨 자손에게 물려주리

　회혼을 맞은 날 아침에 정약용은 고요히 세상을 마쳤다. 백성을
사랑하고 학문을 사랑했으며, 실천을 강조했던 실학자 정약용은
고향 마재에 있는 그의 집 여유당의 뒷산에 묻혔다.

작가의 말

    학교에 다닐 때 국사 시간을 참 좋아했다. 무조건 외울 것을 강요하는 제도권 교육에 상당한 반감이 있었던 것을 생각하면, 외울 것투성이인 국사를 좋아한다는 건 예외의 일이었다. 국사를 좋아하게 된 것은 석기시대와 청동기·철기시대를 지나 인물들이 역사를 주도할 때부터였다. 수많은 인물들의 업적과 연대를 외운다는 것은 상당한 고역이었으므로 나는 그 인물들에 대해 상상하기 시작했다. 어떤 성품을 지닌 이였을까. 어떤 말투와 걸음걸이를 하고 있었을까. 책을 집필할 때 어떤 상황이었을까. 이렇게 국사책에 나오지 않은 부분을 상상하다 보면 그 인물이 몹시 친근하게 느껴졌다.

성리학이 학문의 중심이었던 조선 후기, 농업 중심이었던 사회에 변화의 바람이 불기 시작했다. 천대를 받으면서 최소한의 수요만을 충당했던 수공업이 활성화되고 상업이 번창하기 시작한 것이다. 그러나 대다수의 양반들은 여전히 실생활과 동떨어진 학문에만 매달리고 있었고, 이런 학문의 풍조를 비판하며 젊은 실학자들이 대두했다. 나는 격변기의 사회에서 중심의 학문에서 벗어나 보수 세력에 대항하는 실학자들의 혁명적 면모에 매료되었다.

　실학자들 중에서도 단연 시선을 끌었던 이는 다산 정약용이었다. 정전제를 주장했던 중농주의 학파, 《목민심서》, 《경세유표》, 《흠흠신서》를 비롯한 수많은 저서들, 이론에 그치지 않고 수원성을 설계하고 거중기를 발명하며 실천했던 과학자, 천주교에 연루되어 떠나게 된 수년간의 유배 생활, 실학자였던 그의 형제들 정약종과 정약전, 여러 방면에 능통한 재능과 개혁 정신이 나를 단번에 사로잡았다.

　그러나 이 책을 작업하면서 정약용의 또 다른 면모를 알게 됐다. 그는 다방면에 걸친 지식과 냉철한 머리만 갖고 있었던 것이 아니라, 벗들과 더불어 봄에 복숭아꽃이 피고 여름에 참외가 익으면 한자리에 모여 시를 짓는 감수성을 간직했던 사람이었다. 과학과 학문에만 능통한 것이 아니라, 유배지에서 자식들의 교육을 염려하여 편지를 쓰고, 아내가 보낸 신혼 시절의 다홍치마에 시와 그림을 그려 올려 보낸 자상하고 다정한 가장이었다.

또한 정약용은 우리에게 시련을 극복하는 모습을 보여 주었다. 정약용의 삶은 순조롭지 못했다. 정조의 지극한 사랑을 받으면서도 정치의 핵심에 오르지 못했고, 정적들의 공격이 끊이지 않아 살얼음판을 딛는 듯 위태로운 생활을 했으며, 사랑하는 가족을 곁에 두지 못하고 혹독하고 시린 유배 생활을 해야 했지만, 시름에 젖지 않고 방대한 양의 저서를 집필하며 학문을 완성했다. 곧고 굳은 성품이 아니었다면 감당할 수 없는 일이었을 것이다.

1969년 9월 3일, 베트남의 혁명가이며 지도자였던 호치민이 홀연히 세상을 떠났다. 호치민이 말년을 보냈던 오두막에는 지팡이와 옷가지, 몇 권의 책과 함께 정약용의 《목민심서》가 놓여 있었다. 호치민은 평생을 두고 《목민심서》를 읽으며 몹시 아꼈다고 한다. 《목민심서》는 관리가 지녀야 하는 덕목을 다룬 책이다. 목민관의 자세만이 기술되어 있었다면 한 사람의 혁명가가 평생을 두고 이 책을 아꼈을까. 책의 구절마다 백성을 사랑하는 정약용의 진심이 배어 있지 않았다면 호치민의 가슴을 울리지 못했을 것이다.

이 책을 마무리하며 생각해 본다. 정약용이 남긴 저서와 업적에 그의 정신과 인간미가 배어 있기에 이백 년이 훨씬 넘는 시간이 지난 후에도 우리의 가슴을 울리는 것이라고.

1762년 6월 16일 경기도 광주군 초부면 마재에서 아버지 정재원과 어머니 해남 윤씨 사이에서 태어남.

1770년 어머니 윤씨와 사별.

1771년 시집 〈삼미집〉을 펴냄.

1776년 홍화보의 딸과 혼인.

1777년 이익의 책을 보고 실학을 공부함.

1783년 2월 증광감시에 합격하고 4월 회시에 생원으로 합격하여 성균관에 들어감. 9월에 장남 학연이 태어남.

1784년 맏형 약현의 처남 이벽에게 천주교에 대해 처음 듣고 천주교 서적을 보게 됨.

1786년 둘째 아들 학유 태어남.

1789년 1월 과거에 급제하여 벼슬길에 오름. 겨울에 배다리 건설의 규제를 작성해 올림.

1790년 예문관 검열이 됨. 사헌부 대간이 법식을 어겼다고 탄핵하자 여러 차례 사직을 고수하여 해미에 유배. 11일 만에 풀려남.

1791년 5월에 사간원 정언, 10월에 사헌부 지평에 오름. 진산사건이 일어나자 이를 계기로 천주교를 배교함.

1792년 홍문관 수찬이 됨. 4월 아버지 정재원이 세상을 떠남. 시묘살이를 하면서 왕명으로 수원성 설계를 맡음.

1794년 7월 성균관 직강에 제수되었다가 10월에 다시 홍문관 수찬에 오름. 경기 지역 암행어사가 됨.

1795년 ▸ 동부승지에 올랐으나 주문모 사건에 연루되어 금정 찰방으로 좌천.

1797년 ▸ 다시 동부승지에 임명되었으나 천주교와 관계된 일을 고백하는 사직 상소를 올리
고 물러남. 6월 황해도 곡산 부사가 되어 선정을 베풂.

1799년 ▸ 병조 참지와 형조 참의에 오름. 대사간의 탄핵을 받자 〈자명소〉를 지어 바치고
사직함.

1800년 ▸ 벼슬을 그만두고 고향으로 돌아옴.

1801년 ▸ 신유교옥이 일어남. 정약종·이승훈·홍교만 등이 사형당하고 정약용과 정약전은
장기와 신지도로 유배. 10월 황사영 백서사건으로 다시 국문을 받고 정약용은 강
진으로, 정약전은 흑산도로 유배.

1803년 ▸ 《주역》을 연구함.

1816년 ▸ 6월 둘째 형 정약전이 유배지 흑산도에서 사망.

1818년 ▸ 《목민심서》 저술. 8월 유배에서 풀려나 고향 마재로 돌아옴.

1819년 ▸ 《흠흠신서》 저술.

1836년 ▸ 회혼일인 2월 22일, 75세의 나이로 세상을 떠남.